T0194799

essentials

essentials liefern aktuelles Wissen in konzentrierter Form. Die Essenz dessen, worauf es als „State-of-the-Art" in der gegenwärtigen Fachdiskussion oder in der Praxis ankommt. *essentials* informieren schnell, unkompliziert und verständlich

- als Einführung in ein aktuelles Thema aus Ihrem Fachgebiet
- als Einstieg in ein für Sie noch unbekanntes Themenfeld
- als Einblick, um zum Thema mitreden zu können

Die Bücher in elektronischer und gedruckter Form bringen das Fachwissen von Springerautor*innen kompakt zur Darstellung. Sie sind besonders für die Nutzung als eBook auf Tablet-PCs, eBook-Readern und Smartphones geeignet. *essentials* sind Wissensbausteine aus den Wirtschafts-, Sozial- und Geisteswissenschaften, aus Technik und Naturwissenschaften sowie aus Medizin, Psychologie und Gesundheitsberufen. Von renommierten Autor*innen aller Springer-Verlagsmarken.

Marco Wunderlich

Überzeugende Angebote als Wettbewerbsvorteil im B2B

In neun Schritten zu besseren Offerten, mehr Abschlüssen und höheren Margen

Marco Wunderlich
München, Deutschland

ISSN 2197-6708   ISSN 2197-6716 (electronic)
essentials
ISBN 978-3-658-29792-3   ISBN 978-3-658-29793-0 (eBook)
https://doi.org/10.1007/978-3-658-29793-0

Die Deutsche Nationalbibliothek verzeichnet diese Publikation in der Deutschen Nationalbibliografie; detaillierte bibliografische Daten sind im Internet über http://dnb.d-nb.de abrufbar.

Planung/Lektorat: Manuela Eckstein
Springer Gabler ist ein Imprint der eingetragenen Gesellschaft Springer Fachmedien Wiesbaden GmbH und ist ein Teil von Springer Nature.
Die Anschrift der Gesellschaft ist: Abraham-Lincoln-Str. 46, 65189 Wiesbaden, Germany

Was Sie in diesem *essential* finden können

- Sie erfahren, was überzeugende B2B-Angebote enthalten und wie sie gestaltet sind.
- Sie lesen, was Kunden wirklich wollen und brauchen, basierend auf der Psychologie des Kaufens.
- Sie erhalten ein Schritt-für-Schritt-Framework, um Interessenten planbar in Kunden zu wandeln.
- Sie lernen, wie Sie Ihre Qualität positionieren und Preisnachlässe vermeiden.

Inhaltsverzeichnis

Warum so viele Offerten vor die Wand fahren

1

1.1 Qualitätsanbieter und Angebote

Sie verfügen über erstklassige Produkt- und Servicequalität, begeisterte Bestandkunden, bieten hohen Kundennutzen, pflegen gute Interaktionen mit den Interessenten und bieten einen fairen Preis. und Ihre Kunden kaufen trotzdem nicht? Sie bringen grundsätzlich sehr gute Voraussetzungen für einen Verkaufsabschluss mit, aber Ihre Kunden kaufen trotzdem nicht. Und die Lösung, die Kunden dann schlussendlich bei Wettbewerbern kaufen, ist oft nicht besser oder preiswerter. Eine andere Variante des Problems ist, dass Kunden zwar bei Ihnen das Geschäft abschließen, aber lange über Preise diskutieren und unfaire Discounts durchsetzen.

Wenn Sie Qualitätsanbieter sind, Bestandskunden Ihre Qualität bestätigen und Sie einen mehr als fairen Preis verlangen, aber ideale Potenzialkunden trotz vielversprechender Verhandlungen am Ende nicht kaufen, dann liegt *das Problem nur selten am Produkt oder Preis, sondern meist an Ihrer Kommunikation* in Ihren Angeboten. Das ist nicht nur teuer, sondern auch ärgerlich, da gewinnbares Neugeschäft so kurz vor dem Abschluss verloren geht.

Was ist der Grund dafür, dass so viele Angebote an die Wand fahren? Und was wäre, wenn Sie den Schlüssel für eine hohe Gewinnrate Ihrer Offerten bislang an der falschen Stelle suchten? Den Grund für das Scheitern vieler Angebote bringen Anbieter meist selbst gut auf den Punkt: „Wenn die Kunden den Wert und die Qualität doch nur verstehen würden …" Genau das ist das Problem: Kunden verstehen den Mehrwert tatsächlich nicht.

Während „Made in Germany" bei Produkten ein Qualitätssiegel darstellt, steht „Angebote Made in Germany" für Murks, manchmal auch für Desaster. Anbieter kommunizieren in Offerten diametral anders, als Kunden es brauchen. Anbieter

© Der/die Autor(en), exklusiv lizenziert an Springer Fachmedien Wiesbaden   1
GmbH, ein Teil von Springer Nature 2022
M. Wunderlich, *Überzeugende Angebote als Wettbewerbsvorteil im B2B*, essentials,
https://doi.org/10.1007/978-3-658-29793-0_1

überfrachten Angebote gerne mit Produktdetails und -merkmalen. Sie überlassen es jedoch den Kunden selbst herauszufinden, welchen Nutzen sie daraus ziehen. Falls eine Nutzendarstellung vorhanden ist, versteckt sich diese häufig hinter schwer verständlichen Texten. Angebote sind meist gespickt mit Fachjargon und technischen Details. Elemente der Kundenorientierung und Überzeugungskraft fehlen dagegen.

Nicht die Wettbewerber oder der Preisdruck im Einkauf sind die größten Gegner von Offerten, sondern fehlende Kundenzentrierung, begrenzte menschliche Aufnahmefähigkeit, unklare Kommunikation sowie die kognitiven Verzerrungen bei der Entscheidungsfindung. B2B-Kunden sind weniger rational, als wir glauben wollen. Deshalb werden in professionellen Offerten auch limitierende menschliche Faktoren berücksichtigt.

Selbst Top-Produkte verkaufen sich nicht automatisch. Denn Kunden erkennen den Mehrwert für sich oft nicht ohne Hilfe bzw. ohne viel Zeit zu investieren. Es gilt die alte Vertriebsweisheit: Der verwirrte Geist kauft nicht. Und so gewinnt nicht die objektiv beste Lösung, sondern das Angebot, von dem Kunden den höchsten Nutzen und das geringste Risiko im Verhältnis zum Preis erwarten.

In einer rationalen und gerechten Welt würden die besten Produkte die meisten Kunden gewinnen. In der realen Welt ist das leider oft nicht so: Denn exzellente Produkte sind häufig komplex und *ihr Nutzenvorsprung ist nicht auf den ersten Blick zu erkennen.*

Olympisch dabei sein oder gewinnen

Wenn Qualitätsführer Neugeschäft verlieren, was sie sich eigentlich verdient haben, erinnert mich das an Matthew Emmons bei den Olympischen Spielen. Emmons schrieb auf einzigartige Weise gleich zweimal durch sein Scheitern im olympischen Schießsport Geschichte. Sowohl bei Olympia 2004 als auch bei den Spielen 2008 gewann er, jeweils scheinbar uneinholbar in Führung liegend, am Ende nicht. Beide Male büßte er die greifbare Goldmedaille ein. Das ist genau die Situation vieler Qualitätsanbieter beim Thema Offerten.

Was war genau passiert? Vor dem letzten Schuss liegt Emmons deutlich in Führung. Sein Vorsprung bedeutet auf diesem Niveau Welten. Emmons schießt und erzielt dabei eine Wertung, die zur Goldmedaille reicht. Doch der Jubel bleibt ihm im Hals stecken. Emmons' Schuss erscheint nicht auf der Anzeigetafel. Er glaubt an einen technischen Defekt, wendet sich an die Schiedsrichter. Es stellte sich heraus: Emmons hat auf die falsche Scheibe geschossen! Trotz eines Top-Ergebnisses wird sein Traum von der Goldmedaille zum Albtraum. Er rutscht vom ersten auf den letzten Platz zurück.◄

Genau wie Emmons stehen Qualitätsanbieter greifbar nahe vor dem Gewinn, fokussieren jedoch auf das falsche Ziel. Sie geben sich alle Mühe, eine technisch detaillierte und optisch attraktive Produktbroschüre zu liefern. Kunden erwarten jedoch etwas anderes. Genau wie Matthew Emmons glauben sie, sie treffen in Schwarze, gehen dann aber leer aus. Der Unterschied zu Emmons ist nur, dass ihnen das niemand sagt. Während es bei Olympia neben Gold auch die Silber- und Bronzeplätze gibt, gewinn man im Geschäftsleben das Angebot oder geht leer aus. Im Vertrieb gibt es keinen zweiten Platz.

1.2 Profitables Wachstum durch professionelle Angebote

Gewinnbares Geschäft wegen schlecht kommunizierter Angebote zu verlieren, ist nicht nur teuer, sondern auch frustrierend. Das passiert trotz guter Lösungen sehr häufig. Doch wessen Aufgabe ist es dafür zu sorgen, dass der Mehrwert Ihrer Lösung von Kunden schnell und einfach verstanden wird?

Erfolgreiche und schnell wachsende Unternehmen verlassen sich nicht auf ihre Produktqualität und die Strahlkraft ihrer Marke. Ihnen ist sehr bewusst, dass eine gute Kommunikation ebenso wichtig ist. Daher überlassen sie es nicht den Kunden, die richtigen Fakten im Angebot zu finden und die Features richtig auf den Bedarf zu mappen. Sie produzieren Angebote nach den gleichen Standards wie ihre Produkte.

▶ Gute Offerte – und generell klare Kommunikation – steigern nicht nur die Wahrscheinlichkeit, zum Abschluss zu kommen. Sie sind Ausdruck echter Kundenorientierung und guter User Experience.

An dieser Stelle gibt es zwei gute Nachrichten:

1. Überzeugende Offerten sind ein Prozess nach bestimmten Prinzipien. Das kann man auch ohne Verkaufs- und Schreibtalent lernen. Der Neun-Schritte-Prozess zu überzeugenden Offerten wird in Kap. 4 detailliert dargestellt.
2. Es gibt keine schnellere und preiswertere Maßnahme für mehr profitableres Wachstum als die Optimierung von Angeboten.

Es ist deutlich einfacher und schneller, das Produkt besser zu kommunizieren, als ein besseres Produkt zu erstellen. Statt die Gewinnquote von Angeboten zu verdoppeln, um schneller und profitabler zu wachsen, können Sie alternativ auch die Zahl Ihrer Leads verdoppeln. Das ist jedoch deutlich teurer und dauert länger als die Optimierung von Offerten.

Dies gilt insbesondere, weil man mit einem großen Basiseffekt rechnen kann, da viele Angebote heute alles andere als optimal sind – und vermutlich gilt dies ebenso für viele Ihrer Wettbewerber. Top-Offerten sind ein Wettbewerbsvorteil. Warten Sie mit der Optimierung also nicht, bis diese an Ihnen vorbeiziehen.

Angebote kommen ins Spiel, wenn der Kaufprozess auf die Zielgerade einbiegt. Die Erfahrungen im Kaufprozesses werden in einem Dokument kondensiert. An dieser Stelle im Verkaufsprozess gilt es gut zu sein, denn es ist ein gewinnbares Neugeschäft, dass Sie sich hart erarbeitet haben und das zum Greifen nah ist. Die Angebotsphase ist also ein kritischer Moment im Kaufprozess. Das hat mehrere Gründe:

- Es handelt sich um potenzielle Kunden, die aktuell einen Bedarf haben und denen Sie helfen können.
- Kunden, mit denen Sie teilweise über Wochen und Monate die optimale Lösung individuell ausgearbeitet haben, weisen in dieser Phase die größte Kaufbereitschaft auf.
- Bisher haben Sie sehr viel richtiggemacht, sonst wären Sie nicht an diesem Punkt. Jetzt gilt es, den verdienten Umsatz auch zu closen.
- 97 % des Vertriebsaufwands sind an diesem Punkt ohnehin angefallen. Jetzt gibt es nur noch zwei Möglichkeiten: Alles war umsonst oder Sie feiern in Kürze einen neuen Kunden
- Kunden haben bereits Zeit investiert, Sie und Ihre Lösung kennenzulernen. Auch die Kunden möchten zum Abschluss kommen.

Bis zu diesem Zeitpunkt hat man als Anbieter einiges investiert. Obwohl die direkten Kosten durchaus relevante Größen erreichen können, sind die Opportunitätskosten – also der entgangene Umsatz und die entgangenen Margen – das wahre Drama.

Die Qualität der Offerten ist häufig das Zünglein an der Waage. Hier entscheidet sich, ob Sie Umsatz verbuchen und Marge generieren oder ob Sie die bisherigen Vertriebskosten abschreiben. Daher ist es so wichtig, hochwertige Angebote zu erstellen.

Natürlich gewinnt man nicht jedes Neugeschäft. Selbst mit Top-Offerten gibt es immer noch immer genügend Faktoren, die man nicht in der Hand hat und die einen Deal scheitern lassen können. Daher sollten Sie die Hebel, die Sie beeinflussen können, aktiv managen, um die Abschlusswahrscheinlichkeit zu maximieren.

Was sind die wichtigsten Hebel für überzeugendere Offerten, höhere Gewinnraten und mehr und margenstärkeren Umsatz?

1.2.1 Hebel 1: Menschliche Entscheidungsfindung und Informationsverarbeitung der Kunden berücksichtigen

Der größte Gegner hoher Gewinnquoten von Offerten sind weniger der Wettbewerb oder der Einkauf des Kunden, als vielmehr der Mangel an Kundenorientierung und die Informationsverarbeitung der Kunden. Hätten wir mehrere Tage Zeit, beispielsweise ein verlängertes Wochenende, an denen wir Kunden die Hintergründe erläutern, durch unsere Produktion führen und in angenehmer Atmosphäre alles erklären könnten, würden Kunden den Nutzen und die Qualität verstehen. Diese Zeit geben Kunden potenziellen Anbietern jedoch in der Regel nicht. Das muss im Angebot und im Pitch geschehen, meist innerhalb von ein bis zwei Stunden.

Trotz eines langen Einkaufsprozesses, vieler Gespräche und diverser Anpassungen der Lösung ist das Angebot für manche Entscheider der erste Berührungspunkt mit Ihrem Produkt oder Service. Das einzige, worauf diese Menschen ihre Entscheidung aufbauen, sind das Angebot, der Pitch und die interne Auswertung der Fachleute.

Bei der Preis-Leistungs-Analyse versuchen B2B-Käufer möglichst rationale und quantifizierbare Kriterien zu betrachten. Einkaufsabteilungen bewerten entlang strikter Kriterienlisten, um sicherzustellen, dass rein rationale, quantifizierbare Kriterien in Bezug auf Preis und Leistung die Kaufentscheidung prägen.

Also alles ganz rational? Nein, denn auch bei B2B-Käufen fließen subjektive und teilweise sehr persönliche Ansichten in den Beschaffungsprozess ein. Emotionen galten bisher nur als relevant für das B2C-Geschäft. In der Praxis sind die Unterschiede zwischen Business-to-Business- und privaten Kaufentscheidungen jedoch kaum zu erkennen. Auch im B2B-Geschäft wird emotional entschieden, was dann im Anschluss rational begründet wird.

Es ist die Verantwortung der Anbieter sicherzustellen, dass die wichtigen Botschaften für eine Kaufentscheidung tatsächlich bei Kunden ankommen und dort

auch richtig wirken. Dazu sind die Informationen zu verdichten und entscheidungsgerecht zu strukturieren. Aufmerksamkeit und Informationsaufnahme lassen
sich steuern. Zumindest sollten alles, was ablenkt oder verwirrt, aus Angeboten
entfernt werden. So ist beispielsweise die detaillierte Firmenhistorie der Anbieter
seit 1897 für Kunden weniger interessant als in Euro ausgedrückte Nutzengewinne. Ein klares Bild von der besseren Zukunft mit dem Produkt ist wichtiger
als detaillierte Produktmerkmale. Die Auswirkungen des Nutzens auf die Kunden
der Kunden ist wichtiger als …

Bei Entscheidungen im B2B-Geschäft ist es von großer Bedeutung zu wissen,
wie Botschaften überhaupt aufgenommen und verarbeitet werden. Wer Menschen zum Kauf bewegen will, sollte verstehen, was Menschen bewegt. Eine
der einflussreichsten Arbeiten im Bereich der Menschlichen Wahrnehmung und
Entscheidungsfindung stammt vom Psychologen und Träger des Wirtschaftsno-
belpreises Prof. Dr. Daniel Kahneman. Kahneman unterscheidet zwischen zwei
Systemen des Denkens: System 1 und System 2. System 1 ist schnell, intuitiv
und emotional, während System 2 langsamer, reflektierter und logischer ist.

Seine Kernaussage dabei: Es gibt zwei Denksysteme, die uns Menschen
steuern: ein intuitives und ein rationales. Das intuitive Denksystem ist weitaus
mächtiger als das rationale. Und das, obwohl das rationale der deutlich höher
entwickelte Teil unseres Gehirns ist. System 2 verbraucht Unmengen an Energie
und wird daher nur eingesetzt, wenn es wirklich notwendig und wenn Zeit dafür
ist. Das Problem dabei ist, dass System 1 die Entscheidung trifft, ob eine Information überhaupt an System 2 weitergeleitet wird oder nicht. (Kahneman 2012,
S. 32–44) Entsprechend gilt:

▶   Wichtige Informationen sind so zu gestalten, dass sie von System 1
    den Zugang zu System 2 erhalten oder – noch besser – von System
    1 bereits intuitiv richtig eingeordnet werden.

Angebote, die schnell und einfach zu verstehen sind, haben eine deutlich bessere
Gewinnchance als eine ausführliche Produktbeschreibung. Eine einfache Darstellung kann bis zu einem bestimmten Grad auch objektive Nachteile einer Lösung
wettmachen. Umgekehrt gilt: Durch schlechte Kommunikation können objektive
Vorteile für Kunden unsichtbar bleiben.

Anders als oft suggeriert wird, gibt es den sog. „Homo Economicus", also
den rationalen Menschen, gar nicht. Vielmehr ist der Mensch und auch der Business Entscheider ein „animal irrationale", also ein Wesen, das in erster Linie
von Intuitionen und Gefühlen beherrscht wird. 80 % der Entscheidungen werden emotional getroffen und später rational begründet. Gefühle und Intuitionen

beherrschen uns tatsächlich so stark, dass wir unser Denken nur in begrenztem Maße und mit viel Mühe kontrollieren können. Wir wollen das natürlich nicht wahrhaben, zumindest nicht in dem tatsächlichen Umfang.

Evolutionsgeschichtlich fest programmiert, will das Gehirn mit Energie haushalten und fährt hauptsächlich stromsparend im Betriebssystem (System 1). Unser Gehirn mag es ganz und gar nicht, unnötig Energie zu verschwenden. Es tut daher immer alles mit möglichst wenig Aufwand und Energie für die Bewältigung einer Aufgabe. Daher liebt es unser Gehirn, auf sogenannte Heuristiken zurückzugreifen, die ihm zu schnelleren Urteilen verhelfen. Heuristiken sind sinnvoll, um uns in einer neuen Umgebung zurechtzufinden, aber nicht immer für wichtige Entscheidungsprozess geeignet.

▶ In guten Offerten sind die Botschaften so strukturiert, dass sie einfach aufgenommen und verstanden werden. Außerdem werden zu den – durchaus wichtigen Fakten – auch Emotionen berücksichtigt.

1.2.2 Hebel 2: Kognitive Verzerrungen und Human Factors bedenken

Menschen haben kognitive Verzerrungen, die durch Gefühle und Intuitionen hervorgerufen werden und die Ratio zurückdrängen. Davon gibt es sehr viele. Diese systematisch auftretenden Fehlhandlungen betreffen meist mehrere Aspekte: Wahrnehmung, Denken, Urteilungsvermögen und Erinnerung. Und da Gefühle deutlich schneller wirken als solide Überlegungen, entscheiden sie im hektischen Geschäftsalltag, welche Angebote den Zuschlag bekommen.

Verzerrungen, die für Angebote besonders relevant sind, sind Heiligenschein-Effekt, Anker-Effekt, Availability Bias, Verlustaversion und einige weitere.

- **Heiligenschein-Effekt:** wir schließen aus sichtbaren Eigenschaften auf unsichtbare Eigenschaften bei Personen und Dingen. Der erste Eindruck lässt uns beispielsweise auf Eigenschaften, wie Kompetenz, Vertrauenswürdigkeit, o. ä. schließen. Diese zugeschriebenen Eigenschaften müssen dabei nichts mit der Realität zu tun haben.
- **Verlustaversion:** Verluste wiegen emotional deutlich schwerer als gleichwertige Gewinne. 100 EUR zu verlieren wird deutlich schmerzhafter empfunden als 100 EUR nicht zu gewinnen. Prüfen Sie das an sich: Klingt eine 33,3-%ige

Gewinnquote von Angeboten nicht viel besser als eine 66,6-%ige Verlust-
quote von Angeboten? Im Ergebnis sind beide Angaben gleich, die Wirkung
ist jedoch anders, wenn nicht die Gewinne, sondern die Verluste betont werden. Hinzu kommt in diesem Beispiel, dass die numerische Zahl doppelt so
groß ist.

- **Anker-Effekt:** Als Heuristik orientieren wir uns mithilfe des Anker-Effekts
  an Umgebungsinformationen, ohne dass uns dieser Einfluss bewusst ist. Die
  Umgebungsinformationen haben Einfluss selbst dann, wenn sie für die Entscheidung eigentlich irrelevant sind. Es handelt sich also um einen Effekt, bei
  dem sich das Urteil an einem willkürlichen Anker orientiert.
- **Bestätigungsverzerrung** (engl. confirmation bias): Bestätigungsverzerrung ist
  das Verhalten, Informationen so zu verarbeiten und zu interpretieren, dass sie
  die eigene Meinung bestätigt.
- **Overconfidence:** Wir glauben, kundenorientiert zu sein, doch wir sind es viel
  weniger, als wir es glauben. Das ist so wie bei der Umfrage zum Autofahren:
  Über 90 % glauben, dass sie überdurchschnittlich gute Autofahrer sind.
- **Belief Bias:** Informationen, die nicht zum eigenen Weltbild passen, werden unbewusst ausgeblendet, unabhängig davon, wie stark das Argument ist.
  Dagegen wird jeder Strohhalm, der die eigenen Überzeugungen bestätigt, fest
  umklammert.

Die Liste ließe sich weiter fortführen. Wenn Sie Ihre Offerten optimieren wollen,
sollten Sie typische Denkfehler berücksichtigen. Diese Verzerrung sind unsere
Default-Programm. Hinzu kommen die sogenannten Human Factors, das sind
diejenigen Faktoren, die Fehleinschätzungen und Fehler verursachen und begüns-
tigen. Zu den häufigsten menschlichen Fehlern gehören: Ablenkung, Druck,
Stress, enge Zeitpläne, Selbstgefälligkeit sowie Mangel an Teamwork, Kommunikation und Ressourcen. Treten diese auf, wird die Grenze der Leistungsfähigkeit
eingeschränkt. Man hat das Gefühl, dass viele der oben genannten Faktoren
in unserer heutigen hektischen Arbeitswelt ständig gegeben sind. Das Problem
der Human Factors ist, dass diese die Aufmerksamkeit und Gedächtnisleistung
unterbewusst reduzieren und damit die Wahrnehmung und Entscheidungsfähig-
keit – zusätzlich zu den kognitiven Verzerrungen – noch weiter einschränken.
Daher ist es so wichtig, die volle Aufmerksamkeit des Kunden zu erlangen und
zu halten.

Die kognitiven Verzerrungen und Human Factors betreffen nicht nur die Kunden, sondern auch die Anbieter. In Ergänzung zu den oben genannten Beispielen
ist hier der sogenannte „Fluch des Wissens" zu nennen. Der Fluch des Wissens
bedeutet: Wir können uns nicht vorstellen, dass andere nicht das in ihrem Kopf

haben oder verstehen, was wir gerade kommunizieren. Das heißt, wir kommunizieren ein Thema aus unserem Fachbereich oder zu der uns sehr vertrauten Lösung und glauben, das sei einfach zu verstehen. Doch Kunden können diese Informationen nicht zuordnen, für sie ist es „neues Wissen" und damit schwer zu verstehen.

▶ Menschen überschätzen ihre Fähigkeit, Fachthemen einfach zu erklären. Und, in der schriftlichen Kommunikation ist das deutlich schwerer als im direkten Kontakt.

Das macht es unglaublich schwer uns in die Situation anderer Menschen zu versetzen und ihnen Dinge so einfach zu erklären, dass es jeder Anfänger sofort versteht. Das ist aber genau das, worauf es ankommt. Wir nehmen an, dass andere Menschen wissen, was wir wissen. Wir glauben, dass uns die Kunden besser verstehen, als sie es eigentlich tun. Dies passiert unterbewusst. Zu tiefes Fachwissen kann daher eher ein Nachteil als ein Vorteil sein.

„Versetzen Sie sich in die Lage des Kunden" ist eine häufige Empfehlung. Wie wir gesehen haben, ist das jedoch schwierig – und selbst, wenn wir glauben, wir tun dies, trifft es oft nicht zu, weil wir kognitiven Verzerrungen unterliegen. Dies muss man aktiv und sehr bewusst umgehen. Testen Sie daher Ihre Angebote mit Checklisten oder Personen, die nicht tief im Thema sind und aufgrund ihres Abstands nicht denselben Wahrnehmungsverzerrungen unterliegen. Dabei muss es sich nicht um externe Dienstleister handeln, auch Kollegen aus einem anderen Bereich können dabei sehr hilfreich sein.

1.3 Offerten müssen heute mehr leisten als bisher

Einkaufsprozesse und Märkte haben sich in den letzten Jahren stark gewandelt. Dieser Veränderung müssen Offerten Rechnung tragen. Die entscheidenden Veränderungen sind dabei:

- In vielen Märkten herrscht Produktparität. Es fällt Kunden immer schwerer, die Anbieter zu unterscheiden. Es gibt mehr Anbieter und mehr Alternativlösungen. Dauerhafte USPs werden seltener.
- Durch die steigende Vernetzung mit anderen Fachbereichen und Zulieferern steigt die Komplexität und die Gesamtlösung wird noch entscheidender.

- Entscheidungen werden von Buying Centern getroffen, wobei sowohl die Anzahl der beteiligten Entscheider als auch die Streuung des Fachwissens zunehmen.
- Trotz wachsender Komplexität und heterogener Besetzung der Buying Center steht nicht mehr Zeit zur Verfügung. Hinzu kommt, dass die Aufmerksamkeitsspanne gesunken ist.
- Informationen sind heute frei verfügbar. Kunden brauchen deshalb nicht noch mehr Informationen, sondern Interpretationen, Kontext und ausgearbeitete Ergebnisse in Bezug auf ihre Zielsetzung.
- Entscheider werden stärker als je zuvor beobachtet. In der Folge agieren sie noch vorsichtiger, um Fehler zu vermeiden.
- Das Medium Offerte wird interaktiver. Offerten werden kaum noch auf Papier versendet. PDF ist das Standardmedium. Durch das Scan-und-Scrollverhalten am Bildschirm besteht eine erhöhte Gefahr, dass Informationen verloren gehen. Dieses bietet neue Möglichkeiten: Verweise mit Links unterlegen oder mit der richtigen Software die Nutzung des Angebots tracken.
- Die Art und Weise, wie wir Informationen aufnehmen, wird durch die Online-Welt geprägt. Texte werden weniger gelesen, sondern meist nur noch gescreent. Die Standards der modernen B2C-Kommunikation werden heute auch in der B2B-Welt erwartet. Denn B2B-Käufer werden im Privatleben durch ihre B2C-Käufe geprägt.

Höhere Komplexität, größere Konsequenten und mehr Entscheider mit unterschiedlichem Fachwissen erfordern mehr Zeit oder eine effizientere Kommunikation. Mehr Zeit für Entscheidungen nehmen sich die Kunden jedoch nicht.

Diese Faktoren sorgen dafür, dass Offerten ebenfalls komplexer werden (müssen). Die Anforderungen steigen nicht nur, sie wiedersprechen sich teilweise. So muss beispielsweise aufgrund der oben genannten Faktoren die Informationsdichte steigen, gleichzeitig erfordert die Kommunikation eine übersichtlichere Gestaltung, mit mehr Absätzen, Zwischenüberschriften, Bulletpoints etc.

Zusammenfassung

In der heutigen Welt werden Qualität, Top-Service, Einhaltung ethischer Standards und individuelles Customizing ohnehin vorausgesetzt. Das sind nur noch Zugangsvoraussetzungen. Wenn Ihre Angebote nicht rund sind – d. h. prägnant, klar und überzeugend – verschaffen Sie Ihren Wettbewerbern einen Vorteil. Neugeschäft das Sie verdienen, gewinnt vielleicht der Billigheimer oder der Wettbewerber mit einem O.K.-Produkt, der einfach besser kommuniziert.

Wenn die Gewinnquote Ihrer Offerten noch nicht die Qualität Ihres Produkts oder Ihrer Leistung wiederspiegelt, lohnt es sich, Ihre Angebote zu optimieren. Mit überschaubarem Aufwand können Sie den Vorsprung Ihrer Produkte in Ihren Offerten prägnant auf den Punkt bringen, sodass neue Interessenten Ihren Nutzenvorsprung sofort verstehen und deshalb bei Ihnen kaufen, ohne ewig über Preise und Bedingungen zu feilschen.

Kaum eine Maßnahme wird so schnell und so preiswert zu margenstarken Wachstum führen wie die Optimierung von Offerten. Denn die Hebelwirkung ist hier – so nah am Umsatz – sehr hoch.

Was Kunden von Angeboten erwarten – und was sie brauchen

2.1 Wie Kunden Offerten im Kaufprozess verarbeiten

Der tragische Olympiaheld Matthew Emmons aus Kap. 1 hatte zwar den Olympiasieg verschossen, im Laufe seiner Sportkarriere jedoch trotzdem einiges an olympischen Edelmetall gewonnen. So wie für Emmons, ist es auch für Qualitätsanbieter entscheidend, bei ihren Angeboten das richtige Ziel vor Augen zu haben, um konsistent und planbar Neugeschäft zu gewinnen. Dazu ist es notwendig, den Bedarf und die Spezifikation der Kunden genau zu treffen, alle Fragen zu beantworten, Risiken zu eliminieren und eine Entscheidung zu ermöglichen. Und dies schnell, das heißt mit so wenig Worten wie möglich.

▶ Wer einen Sachverhalt prägnanter kommuniziert, verschafft sich unter sonst gleichen Bedingungen einen entscheidenden Vorteil.

Das BGB definiert Angebote sinngemäß wie folgt: Ein Anbieter unterbreitet potenziellen Neu- oder Bestandskunden ein schriftliches Angebot, in dem festgelegt ist, zu welchen Bedingungen ein Produkt geliefert oder eine Dienstleistung erbracht wird. Eine Offerte ist ein für den Anbieter rechtlich bindendes Vertragsangebot, es sei denn, es ist ausdrücklich etwas anderes erklärt, zum Beispiel durch eine Freizeichnungsklausel.

Die juristische Definition hilft nicht, bessere Angebote zu erstellen. Die rechtlichen Anforderungen sind nicht Gegenstand dieses Buches, unter anderem auch deshalb, weil diese in einzelnen Branchen und auch unternehmensspezifische Vorgaben unterschiedlich sind. Sehen wir uns daher Angebote aus Kundenperspektive an. Offerten sind ein wichtiges Element im Beschaffungsvorgang der

M. Wunderlich, *Überzeugende Angebote als Wettbewerbsvorteil im B2B*, essentials, https://doi.org/10.1007/978-3-658-29793-0_2

Kunden. Kunden fragen Angebote zum Ende Ihres Einkaufsprozesses an. Dies ist die **Essenz der bisherigen Buying Journey.**
Ein besseres Verständnis für Angebote erhält man dadurch, dass man analysiert, wie Kunden Angebote nutzen und verarbeiten. Der Customer Journey zu folgen, ist bei der Produktentwicklung inzwischen Standard und empfiehlt sich auch bei Offerten. Denn genau genommen sind Angebote das erste „Produkt", das Kunden vom Anbieter „kaufen" müssen, um die Lösung dann zu nutzen.

Je größer und komplexer die Kaufentscheidung für den Kunden ist, desto höher ist die Wahrscheinlichkeit, dass das Angebot dem Kunden persönlich präsentiert wird. Diese Präsentation oder der Pitch können vor oder nach dem Angebot erfolgen. Unabhängig von der zeitlichen Reihenfolge, beendet ein Angebot, das abgelehnt wird, den Verkaufsprozess. Angebote, die den Anbieter qualifizieren, führen zum Abschluss oder zumindest in die nächste Phase.

Der Auswertungsprozess wird von Kunde zu Kunde unterschiedlich gehandhabt, teilt sich aber in drei grundsätzliche Schritte: 1) Qualifizierung, 2) Analyse, 3) Nutzenbewertung. Zunächst werden alle eingehenden Angebote auf die Erfüllung der Anforderungen geprüft. Angebote die sich qualifizieren werden dann genauer analysiert. Die Ergebnisse der Analyse gehen in der Nutzenanalyse in einer internen Entscheidungsvorlage auf. Darauf erfolgt eine Entscheidung der nächsten Schritte. Idealfall ist das der Kauf.

Ein gutes Angebot ist per se bereits ein Mehrwert für Kunden. Denn Kunden sind an diesem Punkt oft verwirrt oder unsicher. Jeder Anbieter behauptet ja von sich, die beste Lösung zu bieten, Top-Qualität zu liefern, erstklassigen Service mit kurzen Response-Zeiten zu haben etc. Viele Informationen und Sichtweisen stürzen auf den Käufer ein. Den Überblick zu behalten und die richtige Kaufentscheidung zu treffen ist nicht einfach.

Wie zuvor beschrieben ist das heutige Umfeld sehr herausfordernd, und man kann es sich nicht leisten, darauf zu vertrauen, dass Kunden diesen Prozess selbst erledigen, d. h. alle Informationen aus den Angeboten zusammensuchen, richtig interpretieren, für sich die richtigen Schlüsse ziehen und Anbieter objektiv miteinander vergleichen. Anbieter mit professionellen Angebotsmanagement fertigen Angebote daher nicht nur passend zum Kundenbedarf, sondern auch passend zum Auswertungsprozess der Kunden und nach den Prinzipien für schnelle Informationsaufnahme aus. Das Ziel ist dabei, so zu arbeiten, dass die Offerte im Idealfall der Entscheidungsvorlage der Kunden entspricht und 1:1 übernommen werden kann.

Kunden und Anbieter betrachten Angebote aus einer entgegengesetzten Perspektive, wie Abb. 2.1 zeigt. Während Anbieter vom Produkt her denken, interessieren

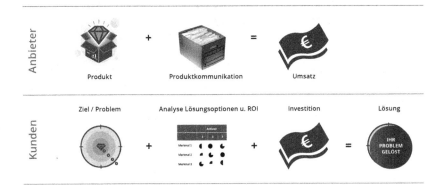

Abb. 2.1 Kunden und Anbieter betrachten Angebote aus einer völlig anderen Perspektive. Anbieter kommunizieren oft entgegengesetzt zu dem was Kunden wünschen und (unbewusst) brauchen

sich Kunden nie das Produkt pe se, sondern immer nur für ihre eigene Zielerreichung mit dem Produkt. Anbieter gehen von ihrem Produkt aus und beschreiben dieses in ihrem Angebot. Nimmt der Kunde es an, kommt es zum Abschluss und Umsatz. Als Anbieter sind Ihnen die Vorteile Ihrer Lösung und Ihrer Organisationen natürlich sehr bewusst. Sie wissen, was sie zu leisten vermögen. Sie kennen die Hintergründe. Kunden wissen das jedoch nicht, zumindest nicht mit der nötigen Überzeugung und Sicherheit. Sie sehen quasi nur die Spitze des Eisberges.

In Verbindung mit der Marktreputation, Referenzen, etc. haben Kunden zunächst nur das Angebot, dass ihnen eine Vorstellung vom Produkt und dessen Nutzen gibt. In den Genuss des Produktes und der angestrebten Ergebnisse kommen Kunden jedoch erst nach dem Kauf, d. h. nach Zahlung oder nach Eingehen der Zahlungsverpflichtung. Was der Anbieter als Umsatz verbucht, sind entsprechend die Kosten des Kunden.

Kunden kaufen nur, wenn sie annehmen, dass sie damit eines ihrer Probleme lösen und ihr Ziel erreichen. Im Schaubild ist das ausgedrückt durch den Kreis, der genau auf den Zielkreis passt. Nur wenn Kunden sehen, dass ihre Ziele erreicht werden, kaufen sie. Nicht, weil das Produkt toll ist. Der Wert liegt nicht im Produkt, sondern in dem Nutzen, den Kunden mit der Nutzung Ihres Produktes ziehen. Diese Wert gilt es im Angebot klar und prägnant zu zeigen.

2.2 Kunden kaufen kein Produkt sondern Lösungen für ihre Probleme und Ziele

Niemand möchte das, was Sie anbieten, kaufen, egal ob Hardware, Software, Dichtungen, industrielle Wasserfilter, Agenturleistungen oder Portfolio Management. Auch dieses Buch haben Sie nicht des Buches wegen erworben, sondern um mit besseren Angeboten mehr und profitableres Neugeschäft zu gewinnen. Kunden wollen immer nur die Ergebnisse, die sie mithilfe von Produkten oder Dienstleistungen erzielen können. Ihr Produkt kostet zunächst nur Geld, gleichzeitig ist es aber das Transportmittel weg von der aktuellen Situation hin zum Ziel der Kunden. Entsprechend ist es ratsam, Produkte so zu positionieren:

▶   Positionieren Sie Sie Produkte und Dienstleistungen nach dem folgenden Muster: „weg von …" (Schmerz), „hin zu …" (Ziel).

Es geht also nicht darum, dass Sie Ihre Angebote umfänglicher und technisch detaillierter darstellen. Vielmehr sind der Kunde und die Lösung des Kundenproblems der Dreh- und Angelpunkt, nicht Ihre Produkte und Dienstleistungen.

Um die Ziele des Kunden greifbarer zu machen, lassen Sie uns den Zielkreis als Bild verwenden (s. Abb. 2.2). Dieser enthält die fünf wichtigsten Fragen der Kunden. Auf diese Fragen brauchen Kunden Antworten, und diese Antworten sollten *Sie* liefern. Wenn nicht *Sie* diese Frage beantworten, beantwortet sie sich der Kunde selbst. Die Antworten entsprechend dem, was der Kunde von Ihnen wahrgenommen hat. Das kann richtig sein oder auch nicht. Von daher macht es Sinn, die richtigen Antworten zu liefern.

1. Was ist der konkrete und relevante Mehrwert bzw. was bringt mir das?
2. Was ist der sonstige, nicht quantifizierbare Mehrwert (der Nutzen hinter dem Nutzen)?
3. Was sind die Gesamtkosten? Lohnt sich das Investment?
4. Welchen Aufwand (in Form von Zeit, internen Ressourcen und Aufmerksamkeit) erfordert die Implementierung?
5. Welche Risiken, inkl. der subjektiven Reputationsrisiken, bestehen?

1. Direkter Nutzen
2. Nutzen und Nutzen hinter
   dem Nutzen
3. Kosten (Total Cost of Ownership)
4. nichtmonetärer Aufwand
5. Risikominimierung

Abb. 2.2 Kundenwünsche und unbewusste Bedarfe sind die Schablone für Angebote und können als Zielkreis dargestellt werden

Was sich Kunden natürlich immer fragen ist: „Was bringt es mir das?" Kunden kaufen aus einem bestimmten Grund. Im Idealfall können Sie dem Kunden seinen Nutzen ganz konkret vorrechnen.

Frage 2 ist: Was bringt es mir sonst? Dies ist der Nutzen hinter dem Nutzen. Um diesen zu identifizieren eignen sich die sog. Elements of Value, die die Unternehmensberatung Bain & Company sehr praktisch in einer Pyramide sowohl für das B2C als auch das B2B Segment definiert hat.

Bei Frage 3 geht es um die Kosten, genau genommen alle Kosten, die der Kauf direkt oder indirekt verursacht, z. B. die Implementierungskosten. Diese werden auch als Total Cost of Ownership bezeichnet.

Frage 4 zielt auf die sogenannten Schuh-Lederkosten ab. Damit ist alles gemeint, was neben den harten Cash-out Kosten noch anfällt, ohne dass eine Rechnung gestellt wird. Das sind Dinge wie IT- Kapazitäten oder Extra-Budgetrunden mit dem Chef oder der Führungsaufwand für Change-Prozesse. Dieses Thema wird von Vertrieben zu wenig bespielt, doch es ist sehr präsent im Kopf der Kunden. B2B-Investments gehen fast immer mit Veränderungen einher und Führungskräfte wissen, dass Wandel schwierig ist.

Die fünfte Frage betrifft das Risiko: Kunden fragen sich immer, wie viel Risiko kommt mit dieser Lösung oder, besser gesagt, wie sicher ist diese Lösung für mich? Das betrifft die Lösung für sich genommen, aber auch das Job-Risiko der Entscheider. Aus der Psychologie wissen wir, dass Menschen ohnehin dazu neigen, defensive Entscheidungen zu treffen – also oft die zweitbeste, aber sicherer Variante, der tatsächlich besseren, aber risikoreicheren vorziehen. Dabei handelt es sich meistens um Wahrnehmungen, die gesteuert werden können. Ohne die Risiken auszuräumen wird es schwierig, Kunden zum Kauf zu bewegen. Bei einem Kauf wird das beste Gesamtpaket gesucht. Käufer versuchen den Auswahlprozess so objektiv wie möglich zu machen. Viele dieser Bewertungselemente sind objektive bewertbar, andere dagegen nicht. Die vermeintlich objektive Bewertung wird jedoch Emotionen beeinflusst. Das betrifft beispielsweise die Risikoeinschätzung, den Aufwand für das interne Change Management, etc. Die Bewertung erfolgt bei vielen Elemente nach persönlicher bzw. kollektiver Wahrnehmung und muss nicht der Realität entsprechen. Viele Aspekte sind weniger rational als wir meinen und eine Frage der Wahrnehmung.

Trotz der Notwendigkeit ausgeprägter Kundenorientierung, geht diese nur bis zu einem bestimmten Punkt. Denn Anbieter und Kunde haben teilweise entgegengesetzte Interessen. So ist ein Ziel für Anbieter die Margen durchzusetzen, die man sich vorstellt. Kunden wiederum sind daran interessiert möglichst viel Leistungen, flexibel, ohne Zusatzkosten zu einem geringen Preis zu kaufen. Ihr Kunde ist König, Sie als Anbieter aber nicht dessen Hofnarr.

2.3   Entscheidungsvorlagen statt Produktbroschüren

Die diesem Buch zugrunde liegende Definition von Top-Offerten lautet:

► Offerten sind schriftliche Entscheidungsvorlagen, die die Abschlusswahrscheinlichkeit maximieren.

Dazu wird ein Investment der Kunden ganzheitlich, d. h. mit den Auswirkungen, Nutzen, Chancen, Risiken und Kosten beleuchtet, eine Empfehlung abgeben und der Umsetzungsplan aufgezeigt. Ziel ist es, die Adressaten so auszustatten, dass diese qualifiziert eine Entscheidung treffen können.

Angebote sind Verkaufsdokumente bzw. Verkaufsgespräche in Schriftform. Dies jedoch ohne das typische Verkaufen mit Druck, es geht vielmehr um Führung durch den Kaufprozess inklusive der Beseitigung von expliziten und latenten Kaufhindernissen. Anbieter, die Kunden durch die komplexe Buying Journey helfen, werden profitieren. Anbieter, die lediglich zur Informationsflut beitragen, reduzieren ihre Chancen auf Neugeschäft und/oder solide Margen. Selbst dann, wenn sie ggf. die beste Lösung bieten.

Offerten sind ein wichtiges Business-Tool in der Buying Journey von Kunden bzw. im Verkaufsprozess. Sie zeigen potenziellen Kunden sowohl die Qualität, als auch den Mehrwert sowie die Differenzierung – schnell erkennbar und leicht verständlich. Angebote stellen die Verbindung zwischen der Leistungsfähigkeit des Produkts mit den Zielen des Kunden her. Darüber hinaus gilt es, richtig zu kommunizieren, also das *Wie* im Sinne von Struktur, Narrativ, Text und Schaubildern. Nur das Produkt mit allen Merkmalen zu beschreiben genügt nicht.

In der Praxis laufen die meisten Angeboten unter dem Motto: „Unser Produkt und wir". Was Kunden jedoch brauchen, ist eine Lösung für ihr Problem. Die Conclusio für den Kunden und der Titel des Angebots sollten vielmehr folgende sein: „Ihre effektive Problemlösung bzw. Ihre bessere Zukunft mit unserem Produkt" (s. Abb. 2.3). Zumindest sollte das der Eindruck des potenziellen Kunden nach Sichten Ihres Angebots sein.

Die Herausforderung dabei ist, nicht nur DAS Richtige zu kommunizieren, sondern auch RICHTIG zu kommunizieren. D. h. dies in kurzer und prägnanter Art und Weise zu tun, denn insbesondere Entscheider haben weder die Zeit noch die fachliche Tiefe, um detaillierte Produktbeschreibungen zu lesen. Zeit und vor allem Aufmerksamkeit sind eine sehr knappe und flüchtige Ressource.

▶ Wer es schafft, prägnant mit so wenig Worten wie möglich Botschaften zu transportieren und in Kombination mit passenden Bildern Emotionen zu erzeugen, hat einen großen Wettbewerbsvorteil.

Offerten sind die perfekten Beispiele dafür. Gleiches gilt übrigens auch für Webseiten. Bei Top-Offerten sprechen wir von „runden" Offerten. Rund steht dabei

Abb. 2.3 Offerten sind „rund": Sie passen zum Ziel des Kunden, verbinden das Produkt mit dem Kundenbedarf, sind entscheidungsgerecht aufgebaut und schnell erfassbar

als Metapher für klar, prägnant und überzeugend. In Abb. 2.3 wurde die runde Lösung für den Kunden bereits erläutert. Wie sich diese konkret zusammensetzt, zeigt das folgende Abschnitt.

2.4   Bestandteile von Angeboten und typische Fehler

Das größte Problem vieler Anbieter liegt schlicht darin, dass sie ein falsches Zielbild davon haben, was Kunden in einem Angebot wirklich brauchen. Darüber hinaus wird das Thema Angebote in seiner Wichtigkeit als Vertriebstool unterschätzt. Hinzu kommt, dass Anbieter zu wenig darüber wissen, wie Kunden Informationen wahrnehmen, wie viel sie davon verstehen und wie Entscheidungen zustande kommen. Das wird meist im Endkundensegment verortet, aber nicht im B2B Bereich.

Das Ergebnis sind dann suboptimale Offerten, die alle Beteiligten nicht zufrieden stellen: allen voran die Kunden, aber auch den Anbieter in Bezug auf Gewinnraten und im speziellen den Vertrieb bzw. die Ersteller der Angebote, die viel Mühe und Zeit investieren.

Die typischen Fehler bei Angeboten sind:

1. **Kundenorientierung:** Zu wenig Kundenorientierung, statt „Unser Produkt und Wir" besser „Problemlösung mit unserem Produkt" oder „Ihre bessere Zukunft mit uns". Listung von Produktmerkmalen ohne eine Überleitung zum Nutzen daraus für den Kunden.
2. **Leistungsfähigkeit:** Angebote enthalten eine Flut an Informationen, die deutlich zu umfangreich und zu technisch ist. Es werden nicht die wichtigsten Leistungselemente gezielt ausgewählt.
3. **Strukturelemente:** Storytelling und überzeugender Aufbau fehlen. Die Prinzipien der menschlichen Informationsaufnahme und Entscheidungsfindung werden nicht berücksichtigt. Insbesondere werden bestehende oder latente Risiken der Kunden nicht ausreichend adressiert und ausgeräumt.
4. **Texte, Layout und Medien:** Texte sind zu komplex und zu wenig durch gute Schaubilder und gutes Layout unterstützt. Bzw. man investiert viele Ressourcen in Text und Bilder, schreibt aber am Thema vorbei.

Fehler treten jedoch nicht nur bei der eigentlichen Offerte auf, sondern in allen drei Phasen des Angebotsprozesses: in der Vor-Angebots-Phase, im eigentlichen Angebot und auch in der Nach-Angebots-Phase. Am Ende des Tages liegt der wesentliche Fehler in der strategischen Betrachtung bzw. der operativen Handhabung von Angeboten. Anbietern ist oft nicht klar, warum Angebote sowohl für den Kunden als auch für das eigene profitable Wachstum so wichtig sind.

1. **Falsches Ziel:** Mit dem Versuch, eine Top-Produktbroschüre zu erstellen, wird systematisch das Ziel verfehlt. Es wird nicht die richtige Blaupause für klare, prägnante und überzeugende Kommunikation genutzt.
2. **Ressourcen-Allokation:** Die falschen Stellhebel werden bedient. Oft wird an der Produktbeschreibung, an den Texten und am Layout gearbeitet. Dies ist auch wichtig, bringt jedoch wenig, wenn man in die falsche Richtung geht.
3. **Erfolgsbeitrag:** Der Beitrag von Offerten zum Verkaufserfolg wird massiv unterschätzt: Offerten erhalten nicht die Aufmerksamkeit als wichtiges Vertriebstool, die sie brauchen. Sie werden als administrative Aufgabe angesehen, was wiederum zu einer falschen Ausstattung an Ressourcen, fehlenden Prozessen und Qualitätsmanagement sowie zu wenig Zeit und Training führt. Alle anderen Themen sind streng genommen Folgefehler.

Diese Probleme sind jedoch durch gezielte Maßnahmen mit überschaubaren Aufwand zu beheben, meist in wenigen Tagen. Zumindest dann, wenn man an den richtigen Stellschrauben arbeitet.

2.5   Beispiele für suboptimale Angebote

Wir haben bereits öfter erwähnt, dass Offerten in der Praxis nicht optimal sind. Wie sehen diese aus? Die Qualität von Angeboten, die Kunden von Anbietern erhalten, fällt in eine der vier Kategorien. In welches Cluster ordnen Sie Ihr typischen Angebote ein? Egal wo Sie stehen, es gibt einen Schritt-für-Schritt-Prozess um Angebote zu optimieren.

2.5.1   Cluster 1: Komponentenaufstellung mit Preisliste

Cluster eins der Offerten sind im Grunde lediglich Teilelisten mit dem Charme eines Kostenvoranschlags – meist Ausdrucke aus dem ERP-System. Diese Offerten sind optimiert für die effiziente Abwicklung von Angeboten des Anbieters, nicht für Kunden. Dies wird beispielsweise dadurch deutlich, dass die Angebotsnummer als eines der prominentesten Elemente auffällt. Es wird nicht viel Wert auf Kundenorientierung gelegt, und die Notwendigkeit besserer Offerten wird vom Anbieter nicht gesehen.

Aus betriebswirtschaftlichen Gesichtspunkten kann es sogar sinnvoll sein, wenig in Angebote zu investieren. Insbesondere, wenn die Qualität von Angeboten keinen Unterschied für die Gewinnquote macht. Das ist immer dann der Fall, wenn es entweder nur um Preise geht, Kunden kaum eine andere Wahl als diesen Anbieter haben oder wenn das Geschäft eigentlich schon abgeschlossen ist und der Kunde noch etwas Schriftliches braucht. In allen drei Fällen ist es für den Erhalt des Auftrags nahezu irrelevant, ob Angebote wirklich rund sind, d. h. Klar, prägnant und überzeugend, oder lediglich die gesetzlich notwendigen Angaben enthalten.

Ob eine Verbesserung von Angeboten betriebswirtschaftlich Sinn macht, ist im Einzelfall zu prüfen. Es geht nicht um bessere Angebote per se, sondern darum, die Gewinnchancen für Neugeschäft mit wirtschaftlichem Aufwand zu erhöhen.

2.5.2   Cluster 2: Produktbroschüren mit Preisschild

Die nächste Stufe sind Produktbroschüren mit einem Preisschild. Diese sind durchaus aufwendig produziert und bieten oft ein ästhetisches Layout. Das heißt aber nicht, dass diese Angebote inhaltlich viel besser oder kundenorientierter sind als diejenigen in Cluster eins. Anbieter stecken viel Zeit und Mühen in ihre Angebote. Dennoch sind sie komplex, langatmig und wirken technisch. Häufig enthalten sie zu viele Angaben zum Anbieter, wie etwa eine ausführliche Firmenhistorie. Den Nutzen für sich müssen Kunden dagegen selbst ergründen. Teilweise sind diese Offerten gespickt mit adjektivischen Allgemeinfloskeln wie „Top-Qualität und erstklassiger Service". Eine noch schlechtere Variation dieses Clusters sind Offerten, die nicht nur produkt- und anbieterfokussiert sind, sondern zusätzlich selbstglorifizierend. Hier lesen potenzielle Kunden dann aussagen wie „das beste Produkt".

Angebote in diesem Cluster sind optisch attraktiv, aber komplex, zu technisch und anbieterfokussiert. Natürlich gewinnen diese Angebote auch Neugeschäft, jedoch bleibt die Gewinnquoten hinter den Erwartungen zurück. Oft ist es sogar schwer, ein ehrliches oder verwertbares Feedback zu den Gründen des Scheiterns von den potenziellen Kunden zu bekommen, das über „das passte nicht" oder „der Preis war zu hoch" hinausgeht.

Diese Angebote sind aus Sicht der Anbieter erstellt, nicht aus Kundensicht. Hier wird das Ziel verfehlt. Das erinnert an den in Kap. 1 erwähnten Fall des verpassten Olympiagewinns von Matthew Emmons. Um Angebote zu verbessern ist es hier wichtig zu verstehen, was Kunden von einem Angebot erwarten und was überzeugt. Die Anwendung der wichtigsten Empfehlungen aus diesem Buch ist ausreichend, um in Cluster 3 zu gelangen.

2.5.3 Cluster 3: Lösungsvorschläge mit Preisoptionen

Ab diesem Cluster werden Offerten tatsächlich kundenorientiert. Viele Elemente, die ein Top-Angebot enthält, sind hier schon enthalten. Vielleicht nicht immer an der richtigen Stelle oder nicht in der richtigen Ausprägung. Bei der Erstellung von Offerten wird es oft stressig und hektisch, und die Mitarbeiter oft nicht so richtig wissen, wie all die guten Ratschläge umgesetzt werden sollen. Es gibt keine verlässlichen Prozesse und keine Messung der Qualität von Angeboten. Das Ergebnis ist weitgehend von der Tagesform der involvierten Mitarbeiter abhängig.

Anbieter sind hier motiviert, Offerten zu verbessern. Sie haben für ihre Angebote meistens schon mit Agenturen und Vertriebsberatern zusammengearbeitet. Die Ergebnisse sind jedoch durchwachsen. Diese Angebote gewinnen Neugeschäft, jedoch bleiben auch hier die Gewinnquoten hinter den Erwartungen (und den objektiv möglichen Abschlüssen) zurück. Das ist frustrierend, insbesondere da Anbieter hier bereits viel Kapazität in die Optimierung investiert haben.

Anbietern mit diesen Offerten fehlt ein Framework, das die vielen einzelnen Empfehlungen zusammenführt. Ein weiterer wichtiger Schritt zur Verbesserung der Gewinnquote besteht in der Nutzung von Systemen, Standard Operating Procedures (SOPs) und Qualitätsmanagement.

2.5.4 Cluster 4: Entscheidervorlagen mit Investitionsrechnung (ROI)

Stufe vier sind dann runde Angebote. Runde Offerten heißt: klar, prägnant und überzeugend. Es gibt nur geringen Discount, wenn überhaupt, und wenig Entgegenkommen bei den Konditionen des Deals. Teilweise bedanken sich Kunden sogar für die Hilfe in ihrem Entscheidungsprozess durch die guten Offerten.

An diesem Punkt sollten Anbieter den Fokus auf die Skalierung und Automatisierung legen, denn der Angebotsprozess funktioniert sehr gut. Hier geht es darum, möglichst viele potenzielle Neukunden durch diesen Angebotsprozess zu führen. Es ist ein industrieller Produktionsprozess, professionell, ohne Stress.

Zusammenfassung

Offerten sind immer nur Mittel zum Zweck, nämlich Neugeschäft zu gewinnen, und sie verursachen betrieblichen Aufwand. Der Idealfall ist natürlich, Neugeschäft ohne Offerten zu generieren, was jedoch im B2B nur in wenigen Fällen gelingen wird. Es lohnt sich meistens, die Offerte als Vertriebselement in Top-Qualität zu fertigen, um Umsatz- und Margenwachstum maximal zu fördern.

Bei der Optimierung von Offerten sind der gesamte Prozess sowie die strategische Betrachtungsweise von Offerten zu berücksichtigen. Erst mit der richtigen Betrachtungsweise werden potenzielle Kunden bessere Offerten erhalten – und die Gewinnraten von Offerten steigen. Nur Text zu optimieren oder einzelne Elemente ist natürlich hilfreich, wird jedoch nicht wesentlich etwas an der Gewinnrate und dem Stresslevel bei der Erstellung ändern.

Sie haben jetzt bereits einen wesentlichen Schritt für die Einordnung von Angeboten im Vertriebsprozess und für deren Bedeutung für Wachstum und Marge gemacht. Den Bauplan und die konkreten Schritte auf das nächste Level Ihrer Angebote erhalten Sie in Kap. 3 und 4.

Optimierung von Angeboten für eine höhere Gewinnquote

3

3.1 Die Dimension von Angeboten

Angebote müssen die Konversation mit dem potenziellen Kunden führen, ohne dass der Anbieter anwesend ist. Dies ist durchaus eine anspruchsvolle Aufgabe, selbst für ausgebildete Journalisten und Texter. Die Vielfalt der Anforderungen ist dabei schon eine der Herausforderungen an sich. Anbieter und Kunden haben viele gleichgerichtete Interessen, aber auch einige divergierende, wenn es um Preis, Risiko, Mitwirkung oder Intellectual Property geht. Der Käufer ist an maximaler Vergleichbarkeit der Angebote interessiert, Anbieter dagegen versuchen, aus der Vergleichbarkeit zu entkommen.

Aufmerksamkeit zu erlangen und zu halten ist in unserer schnelllebigen Zeit voller Ablenkungen sehr schwer. Entscheider sind beschäftig und haben keine Verpflichtung zu lesen, was Sie schreiben. Bei Angeboten haben die Leser die Kontrolle, denn sie entscheiden ganz allein, ob und was sie lesen, wie intensiv und wie lange. Je langweiliger, unverständlicher und komplexer, desto höher ist die Wahrscheinlichkeit, dass Leser das Angebot weglegen oder direkt zum Preis springen.

Schriftliche B2B-Kommunikation ist deutlich herausfordernder als beispielsweise Pitches. In der schriftlichen Interaktion kann man nicht auf Kundenreaktionen reagieren. Bei Pitches ist das anders, da man situativ reagieren kann, wenn Kunden offensichtlich das Interesse verlieren oder Fragen haben. In Texten verliert man Kunden schneller als in Pitches, bei denen man anwesend ist, zumindest virtuell. Man hat in der Regel die angesetzten 30, 60 oder 90 min Zeit, um zu kommunizieren und zu interagieren.

Um die Komplexität von Angeboten plastischer zu machen, sehen wir uns diese anhand der vier wichtigsten Dimensionen von Angeboten an.

M. Wunderlich, *Überzeugende Angebote als Wettbewerbsvorteil im B2B*, essentials, https://doi.org/10.1007/978-3-658-29793-0_3

3.1.1 Dimension 1: Produkt vs. Kundenziele

Zunächst gilt es, wie in Kap. 2 beschrieben, die Leistungsfähigkeit des Produkts und des eigenen Unternehmens *mit dem Bedarf und den Anforderungen des Kunden zu verbinden.* Leisten Anbieter dies nicht, bleibt es den Käufern überlassen, alle Kernpunkte selbst zu finden, richtig in den Kontext zu setzen und die gewonnene Essenz zu verstehen. Dies birgt das Risiko, dass dies nicht oder nicht vollständig gelingt und die Entscheider einen vermeintlich besseren Anbieter wählen.

3.1.2 Dimension 2: Fachexperten vs. Generalisten

Die Beschreibung der Lösung, des Nutzens und des Preis-Leistungs-Verhältnisses erfordert *zweitens* den Spagat, *Experten ebenso anzusprechen und zu überzeugen wie Leser mit wenig Fachwissen.* Es gibt nicht *den einen Kunden.* Ein Kunde, das sind viele Personen und Interessen. Denn die Kaufentscheidung treffen verschiedene Personen mit unterschiedlichem fachlichem Know-how und Interessen in Gremien als sogenannte Buying Center. Sie alle müssen sich im selben Angebot wiederfinden, den Nutzen verstehen und Vertrauen fassen.

3.1.3 Dimension 3: Fakten vs. Emotionen

Natürlich müssen sich Aussagen und Versprechen mit harten Fakten belegen lassen. Ebenso wichtig für die Überzeugungskraft sind jedoch emotionale Faktoren: Auch im B2B-Geschäft wird auf Basis von Emotionen entschieden, die mit Fakten belegt werden. Dabei gilt es, insbesondere Bedürfnisse und Entscheidungen zu triggern sowie Ängste und Vorurteile auszuräumen. Daher verlassen sich schnell wachsende Unternehmen nicht allein auf die den harten Fakten zum Produkt, sondern berücksichtigen die Erkenntnisse der Verhaltensökonomie.

3.1.4 Dimension 4: Umfassend vs. Prägnanz

Die *vierte* Dimension ist die kognitive Leistungsfähigkeit des Menschen, also die Fähigkeit Informationen aufzunehmen und zu verarbeiten. Diese ist limitiert. Statt umfassenden Darstellungen geht es darum *schnell auf den Punkt zu kommen, eine navigierbare Struktur zu schaffen.* Leser sollen in den Text gezogen und gehalten

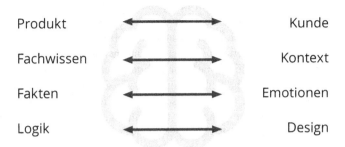

Produkt	⟷	Kunde
Fachwissen	⟷	Kontext
Fakten	⟷	Emotionen
Logik	⟷	Design

Abb. 3.1 Unterschiedlichste und teilweise konträre Anforderungen sind in einem Angebot zu erfüllen

werden. Darüber hinaus geht es um Führung durch die Entscheidungsvorlage und die Highlights.

Wie Abb. 3.1 zeigt, erstrecken sich die Dimensionen sehr weit und es verleitet Anbieter dazu, sehr viel zu kommunizieren. In Angeboten sollte jedoch immer nur die Essenz dargestellt werden. Dabei zählt nicht so sehr was die internen Fachabteilungen des Anbieters meinen, was man zum Produkt kommunizieren muss, sondern dass was der Kunde will und braucht.

Die Dimensionen auf der linken Seite sind für Anbieter meist kein Problem, das sind ihre Stärken. Diese werden in den typischen Angeboten übertrieben, während die rechte Seite in der Regel unzureichend behandelt wird – was kein Wunder ist, da Rationalität und Objektivität vermeintlich im Vordergrund stehen.

Wir bleiben hier bei der bekannten Darstellung der linken und rechten Gehirnhälfte. Links steht für Rationalität und rechts für Kreativität. In Angeboten – bzw. generell in der Kommunikation – geht es darum, die rationalen Fakten auf das Wesentliche zu begrenzen und die emotionalen Aspekte stärker einzubeziehen.

3.2 Baupläne für Offerten und ingenieurmäßiges Arbeiten

Wie oben ausgeführt, sind Offerten ein komplexes System, bestehend aus verschiedenen Komponenten, die in einer bestimmten, aufeinander abgestimmten Art und Weise zusammengefügt werden. Das hat weniger mit schriftstellerischer Arbeit als viel mehr mit industrieller Fertigung nach einem Bauplan zu tun.

Angebote werden von Anbietern oft als administrative Notwendigkeit angesehen, die meist zwischen den Aufgaben des Tagesgeschäfts erledigt wird. Dies
sieht man ihnen dann oft auch an. Hier betrachten wir Offerten quasi als Produkt,
dass Kunden einen Mehrwert und eine gute Kundenerfahrung bieten soll. Wenn
potenzielle Kunden schon nicht von Ihrer Offerte begeistert sind, werden Sie die
angebotene Lösung erst recht nicht kaufen, egal wie gut es tatsächlich ist.

Da Offerten so entscheidend sind, sollten die erfolgreichen Methoden der
Fertigung auch für Offerten gelten. D. h. Qualitätsmanagement, User Experi-
ence etc. Qualität umfasst dabei die Gebrauchstauglichkeit und die subjektive
Wahrnehmung, die Customer Experience. Das muss gemanagt werden. Anderen-
falls landet man hier und da einen Zufallstreffer, produziert aber nicht konsistent
Top-Offerten, die zuverlässig und planbar Umsatz und Marge generieren.

Hier ist ingenieurmäßiges Vorgehen notwendig. Dieses zeichnet sich unter
anderem durch ein zielorientiertes Planen und Handeln aus, weshalb das Ziel
immer am Anfang steht, vom Groben zum Detail hin gearbeitet wird und
die sachlogischen Abhängigkeiten berücksichtigt werden. Zum ingenieurhaf-
ten Vorgehen gehört unter anderem, dass ein Prozess geplant und entworfen
wird, dass eine vollständige Beschreibung existiert, Kontrollpunkte zur Ein-
richtung von Messungen festgelegt und Auswertungen der Messungen für die
Prozessverbesserung verwendet werden.

Modelle sind in den MINT-Bereichen (Mathematik, Informatik, Naturwissenschaften und Technik) Standard. Inzwischen sind jedoch auch viele sog. „weiche"
Bereiche dekodiert und erstaunlich formelhaft – sei es Führung, Storytelling,
Überzeugung etc. Entsprechend sind auch Offerten in einem Modell abbild-
bar. Modelle bilden die Realität nie 100 % ab, helfen jedoch zum Verständnis
sowie zur Bewältigung der Komplexität. Das in Abschn. 3.5 vorgestellte Offer
Peroramnce Attribution Grid ^{TM} (OPAG ^{TM}) ist ein Framework für die Optimierung der Gewinnrate von B2B-Angeboten. Es ist in der Praxis entstanden und
getestet und basiert auf wissenschaftlichen Erkenntnissen, insbesondere aus der
Verhaltensökonomie belegt.

3.3   Ein Framework für überzeugende Offerten die konsistent Neugeschäft generieren

Bei professionellen Offerten geht es darum, eine Vielzahl von Einzelteilen
im passenden Umfang sowie in der richtigen Sequenz und Form zusammenzusetzen – und das auch noch mit möglichst wenigen Worten. Das ist sehr

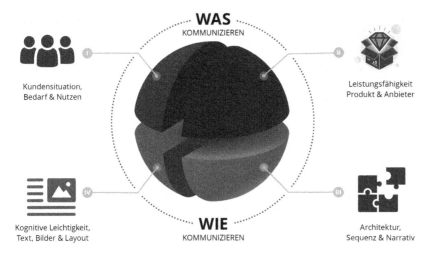

Abb. 3.2 Die vier Komponenten für überzeugende B2B-Offerten auf Basis des Kundenbedarfs (dargestellt durch den Zielkreis) abrunden

anspruchsvoll, deshalb ist es vorteilhaft, Offerten nicht zu schreiben, sondern aus den notwendigen Komponenten ingenieurmäßig zusammenzusetzen.

Dabei sind nicht nur die Inhalte (das *Was*) entscheidend, sondern auch der Stil (das *Wie*). Ein Framework hilft dabei, die Komplexität der Aufgabe handhabbar zu machen. Die Vielzahl der Anforderungen für Offerten lässt sich, wie in Abb. 3.2 dargestellt, in vier große Bereiche einordnen:

1. **Kundenorientierung:** Kundensituation, -Bedarf und vor allem -Nutzen
2. **Leistungsfähigkeit:** von Produkt und Anbieter
3. **Struktur:** Architektur und Narrativ/Storyline
4. **Stil:** Layout, Sprache/Text, visuelle Elemente

Dies beinhaltet implizit, alles wegzulassen oder in den Anhang auszulagern, was nicht essenziell ist. Da dieser Schritt jedoch so essentiell ist und aktiv angestrebt werden muss, nehmen wir ihn als weiteren Bereich auf:

5. **Komprimieren und Abrunden:** Ballast weglassen

Top-Angebote – runde Offerten – zeichnen sich durch folgende Merkmale aus

1. Sie enthalten alles, was potenzielle Kunden sich wünschen und unterbewusst brauchen.
2. Sie sind exakt auf den Bedarf und die Ziele des Kunden zugeschnitten.
3. Sie erfüllen die Spezifikationen und Anforderungen des Kunden.
4. Sie treten in die interne Konversation des Kunden in dessen Sprache ein.
5. Sie beweisen Leistungsfähigkeit, indem die Produktmerkmale mit relevantem Kundennutzen verbunden sind.
6. Sie sind leicht verständlich und nach wissenschaftlichen Erkenntnissen des Neuromarketing erstellt.
7. Sie bieten die Möglichkeit, die wesentlichen Themen schnell zu erfassen.
8. Sie enthalten Preisoptionen für verschiedene Lösungsvarianten und der ROI der Kaufentscheidung ist dargelegt.
9. Sie sind kompakt, prägnant und auf den Punkt formuliert.
10. Sie enthalten ein professionelles Design und Layout, das die Aufmerksamkeit des Lesers leitet und navigierbar ist.
11. Sie adressieren artikulierte und latente Risiken des Kunden.
12. Sie enthalten nur die essenziellen Informationen, sämtlicher Ballast wurde entfernt.

Die vier Bereiche erlauben eine differenziertere Analyse der Angebotsqualität. Wenig überraschend sollte an diese Stelle sein, dass die Kundenorientierung oft nicht sehr ausgeprägt ist. Abb. 3.3 zeigt Angebote in der Praxis. Insbesondere die Übersetzung von Produktmerkmalen in Kundennutzen und die Risikominimierung sind hier optimierbar.

- Der Bereich **Leistungsfähigkeit von Produkt und Anbieter** (Bereich 2) hat zwar den größten Umfang, ist in der Regel jedoch zu detailliert. Hier gilt es, sich auf das Wichtigste zu beschränken und deutlich zu kürzen.
- **Kundenorientierung** (Bereich 1) ist der wichtigste Bereich auf den Weg zu bessern Offerten und im Ergebnis zu höheren Abschlussquoten. Hier besteht erhebliches Verbesserungspotenzial. Der in Kap. 2 definierte Zielkreis zeigt, was Kunden grundsätzlich brauchen und wollen. Verschiedene Templates helfen hier, die Kundenthemen systematisch herauszuarbeiten.

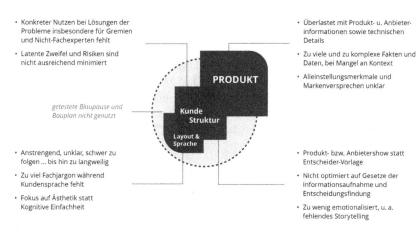

- Konkreter Nutzen bei Lösungen der Probleme insbesondere für Gremien und Nicht-Fachexperten fehlt
- Latente Zweifel und Risiken sind nicht ausreichend minimiert

- Überlastet mit Produkt- u. Anbieterinformationen sowie technischen Details
- Zu viele und zu komplexe Fakten und Daten, bei Mangel an Kontext
- Alleinstellungsmerkmale und Markenversprechen unklar

getestete Blaupause und Bauplan nicht genutzt

- Anstrengend, unklar, schwer zu folgen ... bis hin zu langweilig
- Zu viel Fachjargon während Kundensprache fehlt
- Fokus auf Ästhetik statt Kognitive Einfachheit

- Produkt- bzw. Anbietershow statt Entscheider-Vorlage
- Nicht optimiert auf Gesetze der Informationsaufnahme und Entscheidungsfindung
- Zu wenig emotionalisiert, u. a. fehlendes Storytelling

Abb. 3.3   Offerten sind in der Praxis meist umfangreiche und schwer verständliche Produktbroschüren. Diese lassen sich mit einem erprobten Prozess jedoch zu klaren, prägnanten und überzeugenden Entscheidervorlagen optimieren

- **Struktur** (Bereich 3) weist das größte Nachholpotenzial auf. Ohne Zweifel wirken bestimmte Strukturen besser als andere. Themen wie Storytelling und Glaubenssätze fehlen häufig in Angeboten. In Kapitel 4 finden Sie dazu detaillierte Hinweise.
- **Stil** (Bereich 4), Layout und Text zu optimieren ist häufig der einfachste der vier Bereiche für eine Optimierung. Ein übersichtlicheres Layout, einfachere Texte mit weniger Fach- und Fremdwörtern sind schnell zu erreichen. Externe Spezialisten – Texter, Lektoren, Designer – bringen diesen Bereich schnell und preiswert auf ein höheres Niveau. Der in Kap. 4 gezeigte 9-Sachritte-Prozess enthält Hinweise zu den Themen Text, Worte und Schaubilder.
- **Komprimieren und Abrunden** (Bereich 5) ist der erste schnelle Schritt, Angebote besser zu machen. Aufmerksamkeit ist ein sehr knappe Ressource und Prägnanz neben den oben genannten ein ganz wesentlicher Faktor.

Die vier Bereiche von Angeboten, die in Abb. 3.3 dargestellt sind, werden anhand der Ziele des Kunden, also der Zielscheibe bewertet. Die Darstellung in Abb. 3.4 zeigt ein Angebot, das Kunden typischerweise erhalten. Anbieter listen Produktmerkmale ausführlich auf. Anbieter listen Produktmerkmale ausführlich auf. Es wird ohne ausreichend Struktur geschrieben, Kundenorientierung und wesentliche Elemente der Überzeugung fehlen. Welchen Nutzen er aus der angebotenen Leistung zieht, muss der Kunde allzu häufig selbst herausfinden.

Anbieter fokussieren sich auf die Bereiche, bei denen sie sich auskennen und/oder die einfach zu optimieren sind: Das sind die Leistungsfähigkeit von Produkt und Anbieter sowie der Bereich 4 Texte und Layout. Optimierungen in diesem Bereich sind natürlich gut, jedoch sind diese nicht der größte Hebel für bessere Angebote. Dieser liegt in den Bereichen 2 Kundenorientierung und 4 Story/Narrative & Struktur.

3.3.1 Die Elemente und Attribute des Framework

Jeder der vier Bereiche ist mit jeweils fünf Kernkomponenten definiert, damit es nicht bei Worthülsen bleibt. Diese Struktur über drei Ebenen (vier Bereiche, 20 Kernelemente bis zu den über 100 Attributen) beschreibt das Offer Performance Attribution Grid^{TM} (OPAG^{TM}) das in Abb. 3.4 dargestellt ist. Dabei handelt es sich um ein Framework zur Optimierung der Angebots Performance und schlußendlich zur Erhöhung der Gewinnrate von Angeboten.

Nach einem klar strukturierten Schema lassen sich jedes einzelne der 20 Kernelemente und jedes einzelne der über 100 Attribute analysieren und optimieren. Dies gilt für Attribute von Kundenbedarf, Storytelling über Value Pricing bis hin zu Überzeugungskraft. Das Modell bietet eine Übersicht über die Qualität für jeden Faktor, für jedes Attribut und für die gesamte Offerte.

Nehmen wir einmal an, die Textqualität passt nicht. Dann kann man strukturiert die Probleme angehen und beheben. Sagen wir als Beispiel, wir stellen fest, dass die Verständlichkeit nicht gegeben ist. Entsprechend sorgen wir hier für Verbesserung. Sie gehen die einzelnen Attribute durch und optimieren diese. Dadurch ist das Kernelement Verständlichkeit optimiert. Abb. 3.5 stellt den Prozess der Optimierung auf Ebene der Elemente dar. Und so gehen wir bei den anderen 19 Kernelementen ebenfalls vor, bis wir ein rundes Angebot haben.

3.3.2 Performance-Beitrag der vier Bereiche

Die vier Elemente liefern einen unterschiedlichen Beitrag zur Überzeugungskraft von Offerten. Abb. 3.6 stellt dies in einer Pyramide dar. Diese Betrachtung ist dann wichtig, wenn es darum geht, die Aufgaben zu priorisieren, um sich

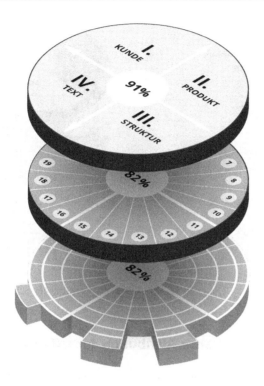

Abb. 3.4   Ein Framework zur Planung, Steuerung und Messung der Qualität von B2B-Offerten: das Offer Performance Attribution Grid™ (OPAG™)

auf diejenigen zu konzentrieren, die die Abschlusswahrscheinlichkeit am meisten erhöhen.

Das Segment 1 Kundensituation ist das mit Abstand wichtigste. Dann folgt das Segment 3 Architektur. Die Segmente 2 Produkt und 4 Stil liegen am Ende. Lassen sich die Produkte der Wettbewerber für Kunden nur schwer unterscheiden, ist Segment Stil sogar noch wichtiger als das Produkt.

Qualität des Textes definiert durch 5 Kernelemente

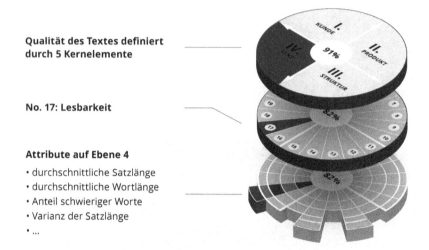

No. 17: Lesbarkeit

Attribute auf Ebene 4
- durchschnittliche Satzlänge
- durchschnittliche Wortlänge
- Anteil schwieriger Worte
- Varianz der Satzlänge
- …

Abb. 3.5 Systematische Optimierung der Textqualität, Schritt-für-Schritt mithilfe des OPAGTM-Framework

3.4   Die Performance Attribution für Offerten

Die Frage hier ist, wie können Faktoren wie Verständlichkeit und Lesbarkeit gemessen werden? Man meint zwar, dass es sich hierbei um subjektive „weiche" Faktoren handelt, aber in den letzten Jahren wurden in vielen sogenannten „weichen" Bereichen massive Fortschritte gemacht: Texterkennung, Textanalyse, automatisches Texten, Keywort-Suche etc.

Die typischen Fehler von Offerten haben wir bereits beschrieben. In der Physik gibt es für die Güte von Signalen das sog. Signal-to-Noise-Ratio, also das Verhältnis von gewünschten Information zu störendem bzw. nutzlosem Rauschen. Auf Offerten bezogen, könnte man von einem Erkenntnis-Rausch-Verhältnis sprechen. Kaufinteressenten erhalten sehr viele Informationen, aber nur wenig hilfreiche entscheidungsrelevante Erkenntnisse.

Ein geringen Erkenntnis-Rausch-Verhältnis ist nicht nur wenig kundenzentriert, sondern führt auch dazu, dass die tatsächlich wichtigen und differenzierenden Fakten im Meer der Informationen untergehen. Im Idealfall ist das Erkenntnis-Rausch-Verhältnis sehr hoch, d. h. jede Information im Angebot ist

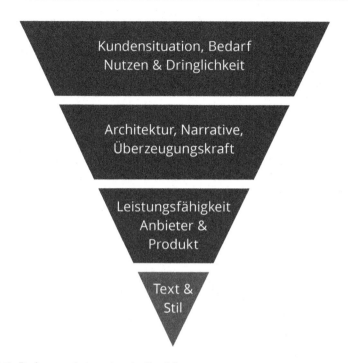

Abb. 3.6 Performancebeitrag der vier Bereiche

relevant, erkenntnisreich und für die Kaufentscheidung relevant. Rauschen, also wenig nutzbare Informationen, sind eliminiert.

Wie andere weiche Themen auch lassen sich Offerten mittels einer Performance Attribution bewerten und messen. Man erhält das Qualitätsniveau sehr übersichtlich dargestellt. Diese Darstellung zeigt gleichzeitig das Optimierungspotenzial, das sich dann sehr fokussiert heben und ausschöpfen lässt.

Dabei sollte in Stufen und gleichmäßig über alle vier Bereiche vorgegangen werden. Es lohnt sich beispielsweise nicht, sich mit Text-Kosmetik (Layout von Text, Fettungen, Positionierung einzelner Worte etc.) zu beschäftigen, wenn der Text ohnehin am Leser vorbeigeht. Performance-Einfluss ist das zentrale Entscheidungskriterium. Die Maßnahmen können je nach Dringlichkeit vorgenommen werden. Das Modell liefert dabei eine klare Spezifikation für diese Aufgaben, ob für interne Mitarbeiter oder externe Agenturen.

Ein weiterer Vorteil dieses Framework ist, dass eine gemeinsame Sprache verwendet wird. Außerdem reden wir nicht über persönliche Meinungen, sondern über objektive Fakten. Ein Scoring macht es auch möglich, Angebote über die Zeit oder miteinander zu vergleichen. Das sind die KPIs für die Qualitätsmessung. Diese (s. Abb. 3.7) Analyse liefert gleichzeitig einen Maßnahmenplan.

Zusammenfassung

B2B-Angebote sind komplex, da sie verschiedene Anforderungen erfüllen müssen und kontextabhängig aus mehreren Komponenten individuell zusammengestellt werden. Das Offer Performance Attribution Grid (OPAG^{TM}) macht es möglich, die Komplexität zu handhaben. Was genau die Bestandteile guter Offerten sind und wie man sie erstellt, zeigt Kap. 4.

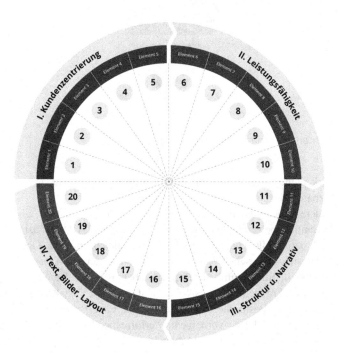

Abb. 3.7 Messung der Angebotsqualität über 20 Kernelemente, um gezielt Optimierungen vornehmen zu können

Die 9 Schritte zum überzeugenden Angebot

4.1 Maßgeschneiderte Angebote in Serienqualität produzieren

Komplexe Aufgaben mit diversen Inputquellen, die noch dazu in einem engen Zeitplan erledigt werden müssen, erfordern einen Prozess. Dies ist auch bei Angeboten der Fall. Der in Abb. 4.1 dargestellte 9-Schritte-Prozess hat sich dazu in der Praxis bewährt. Es gibt Branchen, in denen überzeugende B2B-Angebote eine Kernkompetenz sind und die Prinzipien entsprechend zur Grundausbildung gehören. Eine dieser Branchen ist die Unternehmensberatung. Bereits in den 1980er Jahren hat diese Standardwerke wie Pyramid Principle von Barbara Minto hervorgebracht. In vielen Branchen hat man sich jedoch lange auf die Überzeugungskraft von Features & Benefits verlassen.

Zunächst gilt es die Basis zu schaffen. Dies geschieht mit den ersten drei Schritten: Kundenbedarf, Lösungsbeschreibung und Konditionen. Die folgenden drei Schritte sorgen dann dafür, dass Angebote zu kundenorientierten Lösungsbeschreibungen werden. Dabei wird die Struktur optimiert, die Differenzierung zum Wettbewerb herausgearbeitet und der Nutzen hinter dem initialen Nutzen aufgezeigt. Diese Angebote sind durchaus klar und kundenorientiert, aber noch nicht unbedingt überzeugend. Denn hier verlassen sich Anbieter zu sehr auf die Lösungsqualität ohne die menschlichen Entscheidungsprozesse zu berücksichtigen. Für einen planbaren Abschluss reicht das heutzutage in vielen Fällen nicht. Auf der finalen Ebene erfolgt daher der verkaufspsychologische Feinschliff. Das bedeutet die Transformation der Kunden zu ihren angestrebten Zielen deutlich zu machen, die letzten Hindernisse und Risiken auszuräumen sowie die Entscheidung kognitiv so einfach wie möglich zu gestalten.

M. Wunderlich, *Überzeugende Angebote als Wettbewerbsvorteil im B2B*, essentials, https://doi.org/10.1007/978-3-658-29793-0_4

Abb. 4.1 In 9 Schritten von der Top-Produktqualität zum überzeugenden B2B-Angebot gelangen. Der Prozess läuft über drei Qualitätsstufen

Der Umfang der einzelnen Schritte ist höchst unterschiedlich. Bei manchen Elementen reichen wenige Sätze, während andere sich über eine Vielzahl von seiten ziehen. Schritte 4 und 9 (Struktur und kognitive Einfachheit) machen die anderen Schritte erst sichtbar. Denn alles was Kunden über die Leistungsfähigkeit Ihrer Lösungen und Organisation, über ihren daraus resultierenden eigenen Nutzen erfahre und den Return on Investment (ROI), erfolgt über Text und die unterstützenden Bilder. Ob es sich dabei um ein Angebot in Schriftform als PDF, PowerPoint Präsentation oder sonstige Formate handelt, spielt grundsätzlich eine untergeordnete Rolle.

4.2 Schritt 1: Kundenbedarf, Spezifikation und Compliance

Die Vorgaben der Kunden (und Gesetzte) müssen erfüllt sein. Neben den Anforderungen zur Produktqualität, kommen immer mehr Anforderung aus dem Nachhaltigkeitsbereich hinzu. Wer beispielsweise seine Lieferkette nicht lückenlos nachweisen kann, hat trotz passender Lösung und gutem Preis bei immer mehr Kunden kaum eine Chance.

Das zugrunde liegende Ziel oder Problem für den Kauf und die grundsätzlichen Anforderungen sollten explizit im Angebot aufgenommen werden. Warum Kunden überhaupt jetzt die vorgeschlagene Investition vornehmen sollten, wird von Anbietern oft mit keinem Halbsatz berücksichtigt, denn „der Kunde weiß ja" warum er etwas kauft, so die Annahme. Wenn Ihr Lösungsvorschlag durch intensive Interaktionen mit dem Kunden zustande gekommen sind, ist auch dies eine essentielle Information.

Eine kurze Einleitung mit den Anforderungen und den Hintergründen des Kaufes sind aus mehreren Gründen zu empfehlen:

• Entscheider jonglieren dutzende Bälle in der Luft. Dass Sie zum Zeitpunkt des Angebotes die relevantesten Argumente für die anstehende Entscheidung auf dem Radar haben, ist nicht notwendigerweise der Fall. Mit ein bis zwei Sätzen, kann das Problem und der Handlungsbedarf hier nochmals deutlich gemacht werden.

• Es zeigt Lesern, dass Sie das Problem verstanden haben und die Leser ihre Zeit wahrscheinlich nicht mit irrelevanten Fakten verschwenden.

• Hinzu kommt ein weiter wichtiger psychologischer Mechanismus: Wenn Sie das Problem von Kunden gut – oder im Idealfall sogar besser wiedergeben können als die Kunden selbst – wird Ihnen unterbewusst zugeschrieben, dass Sie für dieses Thema kompetent sind und auch eine passende Lösung dafür haben.

Das ist sozusagen Rückenwind für Ihr Angebot. Da Angebote hinreichend kompliziert sind und trotz sorgsamen Arbeitens viele Stolpersteine bestehen bleiben, gilt es jede Unterstützung zu nutzen die sich bietet. Das gilt umso mehr, wenn der Aufwand dafür überschaubar ist. Eine gute Beschreibung der Kundensituation ist diesbezüglich wie eine gute Management Summary: sehr wirksam, jedoch individuelle Maßarbeit.

Auf die rechtlichen Anforderungen und die Compliance Vorgaben gehen wir in diesem Buch nicht ein. Dass Angebote juristisch nicht in Ordnung sind, ist selten ein Problem. Dass Angebot nicht klar, kundenorientiert und überzeugend sind, ist dagegen ein häufiges Problem.

4.3 Schritt 2: Produktdetails und -beschreibung

Die Beschreibung der Lösung ist der Kern von Angeboten. Dies ist der Teil, der bereits sehr ausführlich in Angeboten zu finden ist. Das Problem: Anbieter liefern regelmäßig zu viele Details. Die Herausforderung ist hier zweigeteilt: erstens gilt es die Informationsflut zu reduzieren und zweitens die Leistungsmerkmale mit dem Kundennutzen zu verbinden. Beispielsweise können Details oder umfangreiche Komponentenlisten in den Anhang ausgegliedert werden.

Dabei reicht es, geforderte Industriestandards kurz zu benennen. Das sind Eingangsvoraussetzung die Lösungen und Anbieter nicht wesentlich differenzieren, da diese jeder Anbieter liefert. Lediglich das Fehlen würde den Kauf unwahrscheinlicher machen. Dagegen sollten Besonderheiten und USPs (Unique Selling Propositions) in ihren Auswirkungen hinreichend klar erläutert werden. Dabei sollte unbedingt der Nutzen für den Kunden erkennbar werden. Geeignete Formulierungen hinter Leistungsmerkmalen von Produkt und Anbieter sind: „das bedeutet …", „das bedeutet für Sie …", „… dadurch sparen Sie …", „… das vermeidet …". Je besser der Nutzen zu den Anforderungen passt und je messbarer die Aussagen in Euro, Manntagen, Stunden, Neukunden, weniger Stornierungen, o.ä. sind, desto wirksamer sind die Leistungsmerkmale.

Natürlich gibt es viel über Ihr Produkt und Ihre Lösung zu kommunizieren. Und zwar deutlich mehr, als je in ein Angebot passen würde. Beschränken Sie sich auf das Wesentlich, das was Entscheider unbedingt wissen müssen. Also die Essenz der Customer Buying Journey. Der Zielkreis des Kunden und die Anamnese am Anfang sind die Schablone für die Inhalte. Es gilt hier die alte Angelweisheit: wenn man Fische fangen will, muss der Köder dem Fisch schmecken, nicht dem Angler. Ab einem bestimmten Umfang wirken weitere Informationen kontraproduktiv und verwirren mehr als sie nutzen. Streichen und Weglassen ist oft genauso schwer, wie das Erstellen von Inhalten.

4.4   Schritt 3: Konditionen: Value Pricing und Terms

Der Preis ist was man bezahlt und der Wert ist was man bekommt. Beides wird durch Ihre Kommunikation beeinflusst. Wichtig ist nicht nur der Preis, sondern auch dessen Präsentation. Der Preis ist mehr als nur eine Zahl. Ideal sind verschiedene Preisoptionen, sodass Kunden wählen können. Aber auch hier gilt, zu viel Komplexität bei den Optionen schadet mehr als es nutzt. Als Daumenregel empfehlen sich drei grundsätzliche Preisvarianten. Dabei sollte die Rationalität des Kaufes mit einer Investitionsrechnung, die alle monetären und nicht-monetären Neben- und Zusatzkosten enthält, bewiesen werden. Die sogenannten Total-Cost-of-Ownership sind Kunden die Ihre Kategorie von Lösungen nicht regelmäßig kaufen, nicht unbedingt geläufig. Den Return on Investment rechnen Kunden ohnehin. Bei dieser Rechnung sollten Sie Kunden nicht allein lassen.

Fast noch wichtiger als der eigentliche Preis sind die Lieferbedingungen. Denn es macht beispielsweise einen Unterscheid, ob Vertragsstrafen fällig werden bei verspäteter Lieferung, Unsicherheiten vom Kunden oder Anbieter getragen werden, etc. Auch diese eignen sich zur Differenzierung. Wenn Sie beispielsweise bei turnusmäßigen Wartungen Verschleißteile kostenlos ersetzten, sollte das explizit kommuniziert werden.

4.5 Schritt 4: Struktur und Narrative

Geben Sie Angeboten eine inhaltliche Struktur die zu Entscheidungsprozessen im B2B-Umfeld passen. Beginnen Sie nicht mit Ihrem Produkt oder Ihrer Firmenhistorie. Starten Sie mit dem, was Kunden am meisten Interessiert: das sind die Kunden selbst und ihre (hoffentlich leichtere und bessere) Zukunft. Beschreiben Sie daher zunächst das Problem, den Schmerz bzw. die Ziele der Kunden. Das ist nicht nur kundenorientiert, sondern bereitet die Bühne und den Deutungsrahmen für alles was folgt. Es beeinflusst wie Sachverhalte interpretiert werden. Welchen Einfluss ein Deutungsrahmen (engl. Framing) hat zeigt beispielsweise der Skandal um das sog. „Framing-Manual" der ARD.

Gehen Sie nicht davon aus, dass alle Entscheider hinreichend Vor- oder Fachwissen für das Angebot haben. Bevor Sie Ihre Lösung beschreiben, ordnen Sie die Bedeutung dieser anstehenden Kaufentscheidung für Kunden ein. Machen Sie zunächst insbesondere die Kosten und Gefahren des Problems, das der Kunde mit dem Kauf lösen will, deutlich. Erst dann folgen die Lösungsbeschreibung, Pricing, etc.

Hierbei ist zu beachten, dass die Struktur etwas anderes ist als das Layout und die Textqualität. Diese werden im finalen neunten Schritt optimiert. Die Struktur erfordert einen gewissen Grad an Verkaufspsychologie, nicht nur reine Logik. Nutzen Sie folgende Struktur als Richtschnur:

- Deckblatt
- Management Summary
- Inhaltsverzeichnis, Ansprechpartner,
- Problem bzw. Ziele der Kunden
- Lösungsansatz und konkreter Lösungsvorschlag
- Investitionsrechnung
- Anhang mit den Details, Nachweisen, etc.

Wie in Kapitel zwei beschrieben, unterliegen Menschen auch in rationalen B2B-Kaufprozessen einer Vielzahl von Wahrnehmungsverzerrungen und nicht-rationalen Verhaltensweisen. Klarheit in der Kommunikation und Überzeugungskraft sind heute wissenschaftlich gut erforscht. Wenn Sie einige grundlegende Prinzipien beachten, fördert das die Abschlusswahrscheinlichkeit erheblich.

Anschreiben

Alles was wichtig ist gehört direkt in das Angebot. Investieren Sie mehr in eine gute Management Summary und halten das Anschreiben kurz und professionell förmlich. Letzteres geht ohnehin im Auswertungsprozess beim Kunden oft verloren. Natürlich ist ein gelungenes Anschreiben hilfreich, wenn es vom Entscheider gelesen wird. Wenn Angebote primär als PDF versandt werden, sehen Entscheider die Anschreiben oft nicht, insbesondere wenn diese an eine zentrale Adresse gehen und von dort verteilt werden.

Werden Angebote physisch versandt, wird das Anschreiben eher gelesen als beim PDF-Versandt. Auch hier sollte man den Kunden kennen, denn ein physisches Angebot per Post wirkt auf den einen Entscheider besonders individuell und positiv. Andere empfinden es negativ, da es als Ressourcenverschwendung gesehen wird.

Kontaktmöglichkeiten

Die Kontaktdaten der Ansprechpartner sollte nicht nur das Anschreiben enthalten, sondern auch im Angebot schnell auffindbar sein. Kontaktdaten sollten dort positioniert werden, wo Kunden normalerweise danach suchen. Dies ist entweder auf Seite 2 oder ganz am Ende auf der letzten Seite. Sich auf die Kontaktdaten in der Email zu verlassen, mit der Angebote oft versandt werden, reicht nicht aus.

Management Summary

Erstellen Sie stets eine Management Summary für Ihre Angebote. Kurze Angebote sollten zumindest einen Einführungsabsatz aufweisen. Die Management Summary sollte sich auf eine Seite beschränken und sich nur zu max. 20 % um Ihr Produkt drehen, dagegen zu 80 % um den Kundenbedarf, die Situation des Kunden, die Risiken des Nicht-Kaufes und das finale Ergebnis. Entscheider lesen Angebote meist nicht vollständig, die Executive Summary und das Pricing dagegen schon.

Vom Allgemeinen ist Detaillierte

Wichtiges gehört an den Anfang und weitere detaillierte Ausführungen erst danach, da man nicht wissen kann, wie weit der Leser in den Text einsteigt. Geben Sie sich am Anfang besonders viel Mühe, um den Leser in den Text hinein „zu ziehen". Im Verlauf kann es im Zweifel komplexer und fachlicher werden.

Direkte Anrede
Die direkte Anrede ist in Angeboten wirkungsvoller als die unpersönliche indirekte Sprache. Statt „der Nutzen von Produktmerkmal X ist … " besser „Ihr Nutzen aus dem Produktmerkmal X ist …".

FAQs und SAQs um Qualität zu definieren
Beantworten Sie neben den FAQs (engl. Frequently Asked Questions, eine Zusammenstellung häufig gestellter Fragen) die Einwände, die Sie im Kaufprozess des Kunden bisher ausgeräumt haben. Denn die Entscheider sind oft nicht in den Kaufprozess vollständig eingebunden.

Geben Sie Käufern außerdem Hilfe bei der Entscheidung indem Sie die nicht intuitiven jedoch wirklich relevanten Attribute bei der Auswahl erläutern. Zeigen Sie welche Fragen Kunden eigentlich stellen sollten. Das sind sogenannte „Should Ask Questions" (SAQs), die meist nur die Insider kennen. Verdeckte Qualitätstreiber, die sich häufig nicht sofort sichtbar im Hintergrund abspielen, rechtfertigen oft den höheren Preis. Das können auch optionale Zusatzleistungen sein, die teuer erscheinen, es aber im Gesamtkontext nicht sind.

Fließtext vs. alternative Textelemente
Kaufen ist anstrengend, dass gilt auch für das Lesen von Angeboten. In der Regel sind es mehrere Angebote, die Kunden sichten. Das menschliche Gehirn versucht Anstrengungen und damit Energie zu sparen. Arbeiten Sie daher nicht nur mit Fließtext, sondern auch viel mit Stichpunkten, Aufzählungen, Tabellen, Gegenüberstellungen, Zitaten, Vergleichen, etc. Wenn möglich auch mit anderen Medien, wie z. B. Videos.

Schaubilder und Bildunterschriften
Verwenden Sie großzügig Schaubilder. Diese lockern den Text auf und lassen die Inhalte in der Regel besser verstehen. Bei der Erstellung von Schaubildern lohnt es sich fast immer, auf professionelle Unterstützung zurückzugreifen. Interessanter Weise werden Bildunterschriften häufiger gelesen als die Texte darum herum. Nutzen Sie dieses Phänomen. Formulieren Sie die Kernaussage des Schaubildes bzw. der Botschaft wie eine Schlagzeile als Bildunterschrift, statt diese nur als „Abbildung XY" zu betiteln.

Emotional statt lediglich sachlich
Auch im B2B-Geschäft wird auf der Basis von Emotionen entschieden. Natürlich muss der logische Case passen, jedoch sollte auch immer die emotionale Seite

bespielt werden. Storytelling ist auch im B2B-Umfeld ein Mittel um tiefer und nachhaltiger zu wirken als lediglich mit Fakten und Rationalität zu informieren.

Anstoßen von Entscheidungen oder Handlungen
Kaufen sollte für Kunden an dieser Stelle so einfach wie möglich sein. Jedes Angebot sollte eine Angebotsannahme, zumindest jedoch eine konkrete Handlungsaufforderung enthalten. Es geht nicht darum Kunden zu überreden, sondern dabei zu helfen, die für sie richtigen Entscheidungen zu treffen. Selbst wenn das Produkt perfekt auf den Bedarf von Kunden passt, der Preis mehr als fair ist, bedarf es oft des letzten Anstoßes für die Entscheidung ... zum eigenen Nutzen der Kunden. Denn der Default Zustand der meisten Menschen ist es den Status Quo zu bewahren.

4.6   Schritt 5: Differenzierung und USPs

Differenzierungsmerkmale helfen potenziellen Kunden, wie der Name es vermuten lässt, Anbieter zu unterscheiden. Dabei sind einige Merkmale relevanter als andere. Der Kunden will nicht nur eine passende Lösung für seine Ziele, sondern die am Markt beste (entsprechend seiner Kriterien). Darüber hinaus wollen Kunden ihren Kauf als Paket – unter Berücksichtigung der Rahmenbedingungen und Risiken – mit dem höchsten ROI.

In vielen Märkte herrscht Produktparität auf, d. h. die einzelnen Lösungen sind für Kunden vor dem Kauf objektiv nur schwer zu unterscheiden, wenn überhaupt. Gibt es keinerlei Unterscheidungsmerkmale entscheidet der Preis, denn dieser bietet zumindest eine einfache Art der Unterscheidung. Nicht nur die Leistungsmerkmale des Produktes sind entscheidend, auch dessen Erstellungsprozess kann differenzieren. Sei es, dass sich daraus eine besondere Qualität, Nachhaltigkeit, Planbarkeit. o. ä. herauskristallisiert.

Wichtig sind daher Unterscheidungsmerkmale bzw. die sog. USPs (Unique Selling Propositions). Differenzierungsmerkmale können alle möglichen Attribute sein, die eine relevante Unterscheidung bieten: Größe, Marktposition, Qualität, Produktionsprozess, Standortnähe, etc. Im Zweifel ist auch eine auf den ersten Blick nicht relevante Unterscheidung besser als gar keine. Heutzutage sind echte USPs dauerhaft schwer zu erreichen/zu halten.

Besser ist immer relativ, zumindest muss die Lösung oder der Anbieter in irgendeiner Form anders sein. Qualitätsanbieter verweisen gerne auf die hohe Produktqualität, herausragende Kundenorientierung, Innovationskraft, Top-Service, etc. Das ist keine Differenzierung, insbesondere wenn diese Standardaussagen nicht konkretisiert werden, sondern Eingangsvoraussetzung. Denn was machen zweitklassige Anbieter? Richtig, sie machen sehr wahrscheinlich exakt die gleichen Versprechen wie Sie als Qualitätsanbieter.

4.7 Schritt 6: Nutzen und Nutzen hinter dem Nutzen

Die Nutzenelemente (sog. Elemente of Value) helfen dabei, klarer zu definieren, was Kunden am Angebot am wirklich wichtig ist. Diese haben wir im Kapitel zwei beim Zielkreis beschrieben. Diese sind der eigentliche Grund, warum Kunden kaufen. Entsprechend sollten diese im Angebot kommuniziert werden. Der Artikel „Was B2B-Produkte wertvoll macht" im Harvard Business Manager 7/2018 bietet einen hervorragenden Überblick zu 30 Elementen in einer Wertepyramide.

4.8 Schritt 7: Transformation

Entscheider wissen, dass gute neue Technik allein nicht die Lösung ist. Komplexe Kaufprozesse führen fast immer zu Wandel in der Organisation des Käufers. Diesen gilt es gut zu managen.

Kunden treffen Kaufentscheidungen in der Annahme, dass sich Ihr Leben zum Besseren verändert. Für den Kunden ist ein Kauf eine Bewegung, weg vom aktuellen (nicht optimalen) Stand, hin zum gewünschten Ziel. Hier geht es um den Vorher-nachher-Vergleich sowie den Wandel. Je klarer und erlebbarer das Bild des Kunden, wie die Welt mit der Kaufentscheidung aussieht, desto besser.

Dies nicht nur bei den objektiven Fakten, sondern auch in Bezug auf Emotionen und den Status. Es verändert sich etwas und eine Art Vorher-nachher-Gefühl sollte beim Kunden aufkommen. Gute Vertriebe vermitteln einen erlebbaren Zielzustand. Das treibt das Verlangen, diesen Weg zu gehen, also zu kaufen.

Insbesondere mithilfe der Stories von Bestandkunden können sie Potenzialkunden gut identifizieren. Das gleiche gilt für vorher-nachher Gegenüberstellungen. Um das greifbar zu machen empfiehlt sich ein Plan für den Kunden mit den wichtigsten Meilensteinen. Der Held bei der gesamten Reise ist dabei der Kunde, nicht der Anbieter. Der Anbieter ist lediglich der Helfer, der den Plan dazu hat. Hier werden oft die Rollen vertauscht und Anbieter positionieren sich als Helden.

Auf der Kundenreise ist nicht nur das Ziel zu zeigen, sondern auch die Gefahr, die der Kunde umgeht, indem er handelt und der er sich aussetzt, wenn er nicht handelt.

4.9   Schritt 8: Risikominimierung und das Risiko, nicht zu kaufen

Risiken sollten so weit wie möglich entkräftet werden. Wie in Kapitel zwei bei den Wahrnehmungsverzerrungen aufgezeigt, nehmen wir Risiken deutlich stärker wahr als Nutzengewinne. So ist es deutlich schmerzhafter € 100 zu verlieren als die empfundene Freude über den Gewinn der gleichen € 100. Das Kunden mehr Risiken bei einem Kauf sehen als die Anbieter ist durch den Informationsvorsprung der Anbieter nur natürlich. Dabei spielt es keine Rolle, ob die Risiken objektiv bestehen oder nur empfunden werden.

Hinzu kommt, dass wir Menschen, insbesondere in größeren Organisationen, zu defensiven Entscheidungen neigen. Defensive Entscheidungen sind sachlich nicht die beste Lösung für das Unternehmen, beinhalten jedoch das persönlich geringste Risiko für den Entscheider. Gerade für kleine und unbekanntere Anbieter sowie neue Produkte ist das ein Problem. Aber auch umgekehrt können große etablierte Unternehmen gegenüber kleineren ein Risiko im Sinne der Innovationsfähigkeit oder Agilität sein. Der Punkt hier ist, egal wie klein oder groß Ihr Unternehmen ist, ob es ein Startup ist oder bereits mit über 100 Jahre Firmenhistorie aufwarten kann, potenzielle Kunden sehen meist irgendwo ein Risiko. Fast alle Angebote vertragen an dem Punkt Risikoempfinden etwas mehr Argumentation. Kürzen Sie dafür lieber bei den Ausführungen zu Leistungsmerkmal 7 und 8.

Insbesondere für kleine und/oder unbekannte Unternehmen oder Startups lohnt es sich an dieser Stelle mehr und besser zu kommunizieren. Qualitätsführer, also Anbieter mit dem objektiv besten Produkt zu marktüblichen Preisen, die zu verlassen sich oft zu sehr auf die Qualität ihrer Leistung.

Garantien können helfen empfundene Risiken zu reduzieren. Kundenstorys sind ebenfalls ein gutes Mittel. D. h. Bestandkunden berichten in ihren eigenen Worten über ihre Erfahrung bei ihrer Buying Journey (engl. für den Kaufprozess des Kunden). Welche Überlegungen wurden angestellt, welche Risiken gesehen, die sich im Nachhinein als unbegründet herausgestellt haben.

Alle Risiken zu eliminieren oder zumindest zu minimieren ist an sich keine leichte Aufgabe. Darüber hinaus gilt es vor allem das Risiko eines Nicht-Kaufes und dessen Folgen aufzuzeigen. Auch hier ist es eine Fehlannahme, dass Kunden im Entscheidungsmoment im vollen Umfang alle Auswirkungen wirklich bewusst sind. Die drohenden Konsequenzen eines Nicht-Kaufes sollten nach dem Sichten von Angeboten als das größte Risiko im Kopf der Entscheider hängen bleiben.

4.10 Schritt 9: Texte, Visualisierungen und Layout

Während alle anderen Schritte sich um den Inhalt drehen, geht es in Schritt vier um die kognitive Einfachheit und Ästhetik der Inhalte. Selbst wenn Sie die Schritte 1–8 optimal ausführen, kann es sein, dass wesentlich Aussagen für den Kunden hinter schlechten Texten „versteckt" werden.

Die Leser sollen so wenig Mühe mit dem Text haben wie möglich, d. h. die relevanten Passagen finden und verstehen. Beispielsweise sollten Sie die Text schnell scannen können und wenn sie tiefer einsteigen, Passagen nicht zweimal lesen müssen um diese zu verstehen. Die Lesbarkeit und das Layout von Texten kann man aktiv steuern.

Wer das Gleiche in weniger Worten vermitteln kann, hat einen Vorteil. Lektorieren von Texten hebt die Verständlichkeit erheblich. Texte werden nicht nur prägnanter, sondern auch kürzer. Diese Aufgabe lässt sich einfach und preiswert an Spezialisten outsourcen. Vielleicht nicht bei jedem Angebot, aber in regelmäßigen Abständen empfiehlt sich ein professionelles Lektorat.

Der einfachste Weg die Lesbarkeit zu prüfen ist durch die elektronische Prüfung. Jedes Textverarbeitungsprogramm bietet eine Lesbarkeitsprüfung mit verschiedenen Statistiken. Der Aufwand beschränkt sich auf ein paar Mausklicks. Die Prüfung liefert automatisch auch Vorschläge für Verbesserungsmaßnahmen.

Texte und Layout sind jedoch nur der sichtbare Teil des Angebotes. Bei der Vielzahl von Möglichkeiten, Texte, Medien und Layout zu verbessern, muss die Substanz im Angebot – also die vorher genannten Elemente eins bis acht – stimmen. Das ist auch der Grund, warum lediglich ein optisches und textliches Make-Over von Angeboten durch Agenturen oft nur marginal die Gewinnrate erhöhen.

Gute Texte und gutes Layout sind ein Katalysator der Substanz. Man kann die Leistungsfähigkeit von Produkt und Anbieter mit guten Texten sichtbar machen, jedoch nur bis zu einem gewissen Grad schlechte Qualität, mangelnde Kundenorientierung und eine fehlende Struktur überdecken. Entsprechend gibt es viele textlich und optisch hervorragende Produktbroschüren. Dies sind trotzdem keine runden Angebote, also für Kunden nicht klar, passgenau und überzeugend.

Im Folgenden finden Sie einige grundlegende Empfehlungen zur Verbesserung von Texten und Layout:

Deckblatt
Kundenorientierung beginnt bereits beim Deckblatt. Alle Angaben die nur Sie für die Administration des Angebotes benötigen, wie beispielsweise die Angebotsnummer, gehören nicht auf die Seite eins. Hier können Sie sich ein Beispiel an Büchern

nehmen. Die Details wie ISBN oder der Copyright-Vermerk stehen im Imprint. Das Deckblatt ist aufgeräumt und ansprechend designt. Gerne wird das Firmengebäude des Anbieters als Cover-Bild genutzt. Für Immobilienfonds oder Anbieter mit ikonischen oder zumindest wiedererkennbaren Gebäuden ist das empfehlenswert, für die meisten Anbieter lassen sich jedoch kundenorientiertere Bilder finden.

Optische Struktur
Gestalten Sie Texte navigierbar bzw. „scannbar", d. h. mit Überschriften, Zwischenüberschriften, Fettungen, Aufzählungen, Absätzen, damit der Leser weiss, wo er tiefer einsteigen kann. In der heutigen Zeit werden Texte meist nur überflogen statt vollständig gelesen. Ankerpunkte im Text, wie Überschriften und Teaser werden deutlich häufiger konsumiert als der eigentliche Textkörper.

Weißer Raum ist wichtiges Element, damit die textlichen Elemente besser wahrgenommen werden. Nichts führt so schnell zum Überspringen von Inhalten wie eine volle Textwand ohne Absätze.

Optische Hervorhebungen von Text
Hervorhebungen fallen im normalen Text – wie die Bezeichnung es vermuten lassen – auf. Als Mittel eignen sich neben Schaubildern, Infografiken und Tabellen vor allem Aufzählungen in Stichpunkten Fettungen, Unterstreichungen, Rahmungen und Zitate.

Wie bei vielen Dingen im Leben gilt auch hier, die richtige Dosis ist entscheidend. Besser als einzelne Worte zu fetten, ist es ganze Passagen bzw. Gedanken hervorheben. Fettungen fallen auf, jedoch nur, wenn diese das Besondere sind und Fettungen nicht der „normale" Text sind.

Pro Satz/Absatz ein Gedanke
„Der verwirrte Geist kauft nicht" ist eine alte Vertriebsweisheit. Es ist schwer genug bei der Komplexität der meisten Lösungen, den Leser bei der Stange zu halten. Verwenden Sie für ein Argument oder eine Argumentationskette jeweils einen eigenen Absatz.

Bindewörter
Bindewörter sind Wörter, die Satzteile, Sätze bzw. Absätze miteinander verbinden und somit eine inhaltliche Beziehung zwischen den verbundenen Sätzen bzw. Satzteilen herstellen. Bindewörter wie „deshalb", „daraus folgt", etc. erhöhen die Wirkung von Texten.

Aktiver statt passiver Schreibstil

Es ist zwar eine der Grundregeln guten Schreibens, trotzdem wird die regelmäßig ignoriert. Im Aktiv geschriebene Texte sind kürzer und damit dichter, verständlicher, interessanter und oft emotionaler. Das ist deshalb so wichtig, weil jeder Text uns nur dann berührt, wenn wir uns mit dem Inhalt identifizieren können. Kurze Texte rücken die entscheidenden emotionalen Aspekte näher zueinander.

Fremdworte, Fachjargon und Abkürzungen

Alles was den Lesefluss bremst, schadet in Angeboten. Je nach Leser gehören dazu Fachjargon, Fremdworte oder Produktbezeichnungen. Das gilt auch für Abkürzungen, auch wenn Sie diese im Absatz zuvor ordnungsgemäß definiert haben. Beispielsweise ist das Akronym USP (Unique Selling Proposition) Ihnen wahrscheinlich geläufig. Einigen nicht. Beim Überfliegen wird es dann nicht verstanden oder der Leser fragt sich „Was hat der Paketversender UPS damit zu tun?"

Einerseits zeigen insbesondere Fachbegriffe Ihre Kompetenz, andererseits machen sie Texte für alle die, die keine fachlichen Insider sind, schwer oder sogar unverständlich. Ganz auf Fachbegriffe und Fremdworte zu verzichten ist jedoch nicht zu empfehlen. Fachjargon ist für den richtigen Personenkreis ein Zeichen der notwendigen Kompetenz.

Texte lassen sich entsprechend aufteilen. Es braucht Passagen ganz ohne Fachbegriffe und andererseits Passagen die mit Fachbegriffen geradezu gespickt sind. Verwenden Sie Fachbegriffe möglichst konzentriert in den fachlichen Textteilen (…. die Passagen, die meisten Fachfremden ohnehin nicht lesen). In den Einleitungen der einzelnen Abschnitte und insbesondere in der Management Summary sollten Sie jedoch ohne Fachjargon, Fremdworte, Abkürzungen und Produktbezeichnungen auskommen.

Kurze Sätze

Vermeiden Sie (zu) lange Sätze. Satzlängen von 8 bis 21 Wörtern sind ideal. Variieren Sie die Länge der Sätze, denn Varianz sorgt Sie für Abwechslung. Statt Nebensätze einzuschieben, was gerne, wie beispielsweise hier bei diesem Satz, in der Nachbearbeitung passiert, machen Sie daraus lieber einen eigenen Satz. Der Leser sollten keine extra Arbeit mit dem Text haben und Passagen mehrfach lesen müssen, um den Inhalt zu erfassen.

Substantivierungen vermeiden und Verben bevorzugen

Wörter mit den Endungen „-ung", „-keit", „-ion" klingen nach Beamtendeutsch und kompliziert. Verben wirken dynamischer.

Füllwörter und Floskeln vermeiden

Neben der klaren Darstellung ist ein weiteres Ziel, dies prägnant und kurz zu fassen. Leser wollen eine hohe Informationsdichte. Daher sind Füllwörter wie relativ, eigentlich, etc. zu prüfen. doppelt hinderlich: zum einen sind sie nichtssagend und zum zweiten machen sie die Texte unnötig lang.

Gleiches gilt für Floskel aus der Kategorie „Ich freue mich von Ihnen zu hören". Diese sind weder informativ noch kundenorientiert und daher ohnehin überflüssig.

Was Sie aus diesem *essential* mitnehmen können

- Nutzen 1: Ein erprobter Prozess für höhere Gewinnquoten, mehr Umsatz und attraktivere Margen.
- Nutzen 2: Die Bedeutung schriftlicher Angebote in heutigen B2B-Kaufprozessen aus Kundensicht.
- Nutzen 3: Eine Schablone für klare, passgenaue, prägnante und überzeugende B2B-Angebote.
- Nutzen 3: Typische Fehler in der Kommunikation mit Entscheidern vermeiden, um schneller und profitabler zu wachsen.
- Nutzen 4: Qualität, Differenzierung und Kundennutzen Ihrer Leistung kristallklar und verständlich aufzeigen,

© Springer Fachmedien Wiesbaden GmbH, ein Teil von Springer Nature 2022
M. Wunderlich, *Überzeugende Angebote als Wettbewerbsvorteil im B2B*, essentials,
https://doi.org/10.1007/978-3-658-29793-0

Literatur

Almquist E, Cleghorn J, Sherer L (2018) Was B2B-Produkte wertvoll macht. Harvard Business Manager 3:32–38

Kahneman D (2012) Schnelles Denken, langsames Denken. Penguin, München

Minto B (2005) Das Prinzip der Pyramide. Pearson, Halbergmoos

© Springer Fachmedien Wiesbaden GmbH, ein Teil von Springer Nature 2022   53
M. Wunderlich, *Überzeugende Angebote als Wettbewerbsvorteil im B2B*, essentials,
https://doi.org/10.1007/978-3-658-29793-0

Printed in the United States
by Baker & Taylor Publisher Services